Conte-me a verdade sobre o amor

SUSANNA ABSE

Conte-me a verdade sobre o amor

Título original: *Tell Me the Truth About Love*

Copyright © 2022 por Susanna Abse
Copyright da tradução © 2023 por GMT Editores Ltda.

Publicado pela primeira vez em 2022 pela Ebury Press,
um selo da Ebury Publishing. A Ebury Publishing faz parte
da Penguin Random House.

Todos os direitos reservados. Nenhuma parte deste livro pode ser utilizada ou reproduzida sob quaisquer meios existentes sem autorização por escrito dos editores.

tradução: Vera Ribeiro
preparo de originais: Pedro Siqueira
revisão: Juliana Souza e Priscila Cerqueira
capa, projeto gráfico e diagramação: Natali Nabekura
imagem de capa: Chris Ryan | iStock
imagem de miolo: Vensto | Shutterstock
impressão e acabamento: Cromosete Gráfica e Editora Ltda.

CIP-BRASIL. CATALOGAÇÃO NA PUBLICAÇÃO
SINDICATO NACIONAL DOS EDITORES DE LIVROS, RJ

A149c

Abse, Susanna
    Conte-me a verdade sobre o amor / Susanna Abse ; [tradução Vera Ribeiro]. - 1. ed. - Rio de Janeiro : Sextante, 2023.
    272 p. ; 21 cm.

    Tradução de: Tell me the truth about love
    ISBN 978-65-5564-598-9

    1. Relacionamento 2. Psicoterapia conjugal. 3. Divórcio - Aspectos psicológicos. I. Ribeiro, Vera. II. Título.

22-81633
    CDD: 616.891562
    CDU: 615.832.9-058.833

Meri Gleice Rodrigues de Souza - Bibliotecária - CRB-7/6439

Todos os direitos reservados, no Brasil, por
GMT Editores Ltda.
Rua Voluntários da Pátria, 45 – Gr. 1.404 – Botafogo
22270-000 – Rio de Janeiro – RJ
Tel.: (21) 2538-4100 – Fax: (21) 2286-9244
E-mail: atendimento@sextante.com.br
www.sextante.com.br

Para Paul, meu companheiro na busca da verdade.

Agimos como agiram conosco.

— JOHN BOWLBY

Sumário

Introdução ... 11

PARTE UM Vínculos frágeis ... 15

   Victoria e Rupert se recusam a sair da casinha de bonecas ... 19
   Jack e Jill rolam ladeira abaixo ... 25
   Kristof continua beijando o sapo ... 52
   Rapunzel joga suas tranças ... 74
   Bear descobre a Bela e a Fera ... 98

PARTE DOIS Traição ... 109

   Kamal descobre quem esteve dormindo em sua cama ... 113
   Rhoda come a maçã envenenada ... 135
   Don Juan cresce e constitui uma família ... 145
   Chapeuzinho Vermelho protege o lobo em pele de cordeiro ... 163

PARTE TRÊS **Carne da própria carne** 179

Bina e Shapiro fazem um filho como
  que por encanto 183
Gabrielle e Johannes derrubam a casa
  de palha e fazem umas reformas 209
Kelly Anne se transforma na madrasta má 230
Reggie e Lawrence brincam
  de bobinho 246

Posfácio 263

Agradecimentos 265

Introdução

O relacionamento amoroso está no centro deste livro, assim como está no centro de nossa vida. Nascemos querendo nos aproximar das outras pessoas e nos relacionar com elas, e cada um de nós tem uma estrutura interna que se reflete na maneira como criamos os vínculos íntimos. Apesar de todos os avanços tecnológicos, para existir vida são necessários sempre um espermatozoide e um óvulo, um mamilo e uma boca – dois corpos e duas mentes que se unem. Nós, seres humanos, não podemos conceber filhos sozinhos. E, mesmo que pudéssemos, o impulso para o sexo e a interação emocional não desapareceria. Fomos programados para o amor.

Esse senso de conexão está na base de nossos sonhos e nossas fantasias e impulsiona a narrativa dos contos de fadas, que, segundo Carl Jung acreditava, revela algo importante sobre a essência da natureza humana. Foi por essa razão que dividi este livro em treze histórias, por meio das quais procuro lançar luz sobre temas universais e dilemas eternos que enfrentamos nos relacionamentos – aqueles que unem os casais e que, com muita frequência, também os separam.

O desejo de transformação é o que costuma levar as pessoas à terapia. Da mesma forma, é ele que impulsiona a ação nos contos de fadas, cujo final feliz só acontece depois que o protagonista supera obstáculos e adversidades. É claro que a psicoterapia não transforma o sapo num príncipe. O que ela tenta fazer é levar o paciente a compreender que o sapo e o príncipe são duas metades da mesma pessoa, e que a "transformação" talvez venha justamente da aceitação desse fato. Ainda assim, alguns pacientes estão em busca de uma solução rápida – uma poção mágica – e se decepcionam ao descobrir que ela não existe.

As histórias que conto neste livro foram inspiradas em pessoas reais e baseadas em mais de 35 anos de prática clínica, milhares de sessões e centenas de pacientes. Para preservar a segurança e o anonimato deles (e garantir que tudo o que me disseram continue sendo confidencial), não escrevi sobre nenhum indivíduo específico. Você pode se perguntar: "Então essas histórias são reais?" A resposta é que elas são tão "reais" quanto os contos de fadas. Elas pretendem revelar uma verdade mais profunda sobre a condição humana. Cada capítulo se concentra em um relacionamento que representa problemas e padrões de comportamento que testemunhei sob diferentes formas, repetidas vezes, ao longo dos anos. Embora eles não digam respeito a nenhum paciente em particular, trazem lições importantes sobre a necessidade de nos conectarmos com outras pessoas, sobre quão vulneráveis nós somos, sobre a inevitabilidade da dependência emocional e sobre o medo que temos dela.

Ao explorar os relacionamentos amorosos, é fundamental indagar o que *é* a verdade. Os filósofos a descrevem como aquilo que está em concordância com a realidade, mas a realidade é subjetiva: a minha é diferente da sua e vice-versa. Assinalo essa questão porque ela é fundamental na terapia de casal. Durante o tratamento, muitos descobrem que esconderam a verdade um do outro e que também estiveram mentindo para si mesmos a vida toda – porque ser franco consigo mesmo na maioria das vezes significa enfrentar verdades dolorosas, o que normalmente evitamos. Assim, há dois aspectos da "verdade" entre um casal: o primeiro envolve encarar os próprios sentimentos e compreender as próprias experiências. O segundo envolve encarar os sentimentos da outra pessoa e compreender a experiência dela. O desafio é saber se essas duas verdades podem coexistir sem que uma ameace ofuscar a outra.

Em sua maioria, os casais levam algum tempo para se tornar curiosos a esse respeito, para se interessar pelo fato de que a verdade interior pode não refletir uma realidade objetiva, mas ser, pelo menos em parte, um reflexo da própria experiência familiar. No entanto, quando os parceiros começam a ter curiosidade mútua e se tornam menos defensivos e mais francos sobre seus sentimentos, eles podem descobrir mais a respeito um do outro, fazendo emergir daí um tipo de verdade compartilhada capaz de criar uma nova narrativa. Não se trata de um simples saber intelectual ou cognitivo, mas de um processo emocional. Como dizia Jung, "não devemos ter a pretensão de compreender o mundo apenas através do intelecto. Nós o apreendemos igualmente pelo *sentimento*. O juízo do intelecto é apenas parte da verdade".*

Jung era sábio. Como psicoterapeuta, aprendi que toda a nossa experiência atual é impregnada de experiências anteriores e moldada por elas. Olhamos para cada novo acontecimento ou relacionamento cheios de preconcepções e nunca estamos livres dessas influências. Embora possamos acreditar que somos testemunhas imparciais e objetivas de nossa vida, isso não é verdade. O que passou permanece vivo no presente.

Portanto o objetivo da terapia de casal é buscar a verdade, não possuí-la. Antes de mais nada trata-se de um processo de

---

* JUNG, Carl. *Tipos psicológicos*. Petrópolis, RJ: Vozes, 2012.

desenredar descobertas entre duas pessoas, o que, por sua vez, conduz à compreensão e, às vezes, à transformação.

Espero que este livro ajude você a chegar a uma percepção mais profunda e mais rica de seus relacionamentos e de quem você é. A terapia de casal é sobretudo conhecer mais a respeito de si e do outro, revelando o que ficou longe dos olhos e por trás de nossas suposições. Trata-se de deixar de lado um conjunto de "verdades" e abrir-se a uma nova compreensão um do outro, ou seja, abrir-se à verdade sobre o amor.

PARTE UM

Vínculos frágeis

Nunca somos tão indefesos quanto ao amar.

— SIGMUND FREUD, *O mal-estar na civilização*

Todos os seres humanos são frágeis, embora passemos a vida inteira fingindo não ser. Nascemos desamparados, e essa experiência de desamparo nunca é esquecida. Ela ecoa na nossa vida e nos perturba no silêncio da noite, quando nosso eu adulto dorme.

Nossa única proteção real contra a fragilidade humana são os outros: pessoas com mãos que nos seguram, com braços que nos acolhem, com mentes que nos compreendem. Sem isso, estamos sós – e não fomos feitos para a solidão. Mas os outros seres humanos também nos ameaçam. Eles nos fazem lembrar de tempos em que fomos abandonados, em que braços nos seguraram sem gentileza e nos reprimiram com força, e isso nos leva de volta a épocas em que não fomos compreendidos. Assim, quando se trata de amor, vestimos uma armadura para nos proteger dessa fragilidade porque sentimos medo.

Victoria e Rupert se recusam a sair da casinha de bonecas

Alguns casais são muito infantis. Brigam e fazem pirraça, trocam desaforos, reclamam de tudo e adoram uma plateia. Depois de esgotarem a paciência dos amigos, acabam buscando os ouvidos de um terapeuta.

Tenho colegas que só trabalham com pacientes individuais e dizem que jamais trabalhariam com casais, porque se irritariam demais com as brigas. Muitos anos atrás, durante um seminário, um terapeuta ainda em formação ficou indignado com um dos casos que eu estava apresentando. Exasperado, perguntou: "Pelo amor de Deus, se não conseguem conviver bem, por que não terminam logo?" Isso provocou uma breve salva de palmas e acenos afirmativos por parte dos estudantes.

Podemos desaprovar as briguinhas ou o comportamento tolo, mas me parece que os casais se tornam casais, em parte, porque o relacionamento íntimo é um dos únicos espaços em que é aceitável *regredir*. Em que outra situação, depois de adultos, usamos uma vozinha infantil, trocamos apelidos "fofinhos" e fazemos brincadeiras bobas? Um dos paradoxos da vida talvez seja o fato de que os pais dividem o calor de uma cama enquanto os filhos, uma vez ultrapassada a primeira infância, são treinados para dormir sozinhos. Então estar em um relacionamento permite que voltemos ao mundo da diversão e do toque, do qual, em geral, somos barrados nas outras esferas da vida adulta.

Quase todos os relacionamentos amorosos íntimos têm características infantis. Usamos uns com os outros uma fala tatibitate e nos aconchegamos, nos afagamos, brincamos. A própria relação sexual é uma oportunidade de acariciar, beijar, fazer cócegas e explorar a outra pessoa de um modo que a maior parte da vida adulta não explora. Recentemente, numa praia na Grécia, observei um casal que colocava folhinhas de grama no nariz um do outro, testando por quanto tempo cada um aguentava. Eles rolavam de rir, e observei como estavam completamente apaixonados e como eram ligados por sua infantilidade.

Apesar de saber disso, tenho que confessar que existem casais cujo comportamento infantil é tão regressivo e tóxico que se torna difícil suportá-los, até para uma profissional experiente como eu.

Victoria e Rupert eram assim. Beiravam os 40 anos e eram bonitos, ricos e inteligentes, mas extremamente difíceis. Sozinhos, sabiam ser encantadores, mas juntos eram um pesadelo. Um sem-número de jantares interrompidos, férias perturbadas e ligações chorosas tarde da noite havia levado seus amigos a riscarem o nome dos dois de sua lista, de modo que eles apareceram no meu consultório dispostos a me submeter a uma experiência semelhante.

Mas, tendo atendido a muitos casais daquele tipo antes, sabia que precisava adotar uma abordagem diferente. Durante as sessões havia choro e acessos de raiva. Entre as consultas, eu recebia ligações desesperadas e mensagens melodramáticas com detalhes sobre as trocas de farpas entre eles. Às vezes me copiavam em seus e-mails e pediam que eu os avaliasse, como se me coubesse o papel de juíza. Ambos convencidos de estarem com a razão, recorriam a mim com os olhos marejados para que eu validasse determinado ponto de vista. Toda quinta-feira, chegavam ao meu consultório depois de passarem dias sem se falar e acabavam fazendo as pazes, saindo juntos, entre sorrisos e risadas, como uma dupla de crianças travessas.

Há casais que, no meio de uma briga, expressam sua indignação pelo que veem como acusações injustas e distorções da verdade proferidas pelo parceiro. "Se eu tivesse gravado a cena, você veria que tenho razão. Simplesmente não foi isso que aconteceu!", gritam, cada um vendo tudo por sua própria lente – uma lente distorcida e moldada por experiências passadas, que podem incluir traumas, negligência e abusos. E isso complica ainda mais as coisas, porque fica difícil distinguir fatos de sentimentos. Quanto maior o nível de raiva e nervosismo dos parceiros, maior o número de suposições que eles fazem a respeito dos motivos e das intenções um do outro.

Eu tinha esperança de que, com um trabalho criterioso, Victoria e Rupert pudessem romper esse ciclo e começar a nutrir uma curiosidade mútua. As suposições que os dois faziam a respeito um do outro, junto com a agitação que criavam para evitar a tristeza, os levavam a repetir um ciclo vicioso de raiva, traição e reconciliações apaixonadas. Embora às vezes parecessem empolgados com essa dinâmica, eu percebia que, no fundo, vivenciavam a desesperança e o desespero, pois nunca se sentiam compreendidos nem seguros. Eu sabia que, para que alguma coisa mudasse, eles precisariam reconhecer que seu relacionamento não era uma casinha de bonecas em que os móveis podiam ser jogados de um lado para outro e que os personagens ficavam virados de cabeça para baixo sem que houvesse consequências ou danos. Eu queria que eles vissem como aquilo era sério e triste, que falassem de seus medos. Resumindo: queria que fossem diferentes.

Eu não deveria desejar tudo isso. Psicoterapeutas podem ter metas tão claras para seus pacientes? Será que nosso trabalho não é facilitar o que nossos pacientes querem, e não o que nós desejamos para eles? Eu sabia disso, é claro. Mas como sobreviveria à frustração de trabalhar com um casal como aquele? Como suportaria as sessões intermináveis, recheadas de brigas banais e reconciliações intensas? E quando seria hora de colocar um ponto final naquilo?

Eu me peguei recordando outro casal que havia atendido muitos anos antes. Roly e Clive eram bem jovens quando me procuraram, com apenas 23 e 24 anos. Eles também tinham altos e baixos passionais, rompiam o relacionamento e se reconciliavam repetidamente. O menor ruído desencadeava ameaças recíprocas de acabar com a relação, e eu nunca sabia o que esperar de uma sessão para a outra. Eu dizia que eles deveriam levar nosso trabalho a sério, mas isso parecia impossível para ambos. Após várias semanas sem aparecerem no consultório e depois de mandarem mensagens desesperadas, escrevi um e-mail sugerindo que talvez eles não estivessem prontos para começar a terapia e que deveriam entrar em contato comigo somente quando pudessem se comprometer.

Que ironia! O compromisso, é claro, era justamente o problema com que Roly e Clive lutavam. Ambos tinham medo demais de se comprometer com um relacionamento e ambos consideravam impossível se comprometer com a terapia.

Por acaso esse seria também o problema de Victoria e Rupert?, eu me perguntei. Eles eram bem mais velhos do que Roly e Clive, então os riscos eram consideravelmente mais altos. Por outro lado, dispunham de recursos financeiros para fazer esses joguinhos um com o outro de formas cada vez mais dramáticas.

Numa terça-feira cinzenta de fevereiro, batalhei para chegar ao trabalho, estava resfriada e com muita coriza. Victoria e

Rupert eram meu último compromisso do dia e, exausta, torcia secretamente para que cancelassem a sessão e eu pudesse ir para casa vestir meu pijama. O relógio bateu seis horas da tarde, e eu já estava começando a pensar em pegar meu casaco quando, com quinze minutos de atraso, eles tocaram a campainha. Entraram alvoroçados, abrindo o zíper de suas jaquetas combinando, e, sem parar para respirar, começaram a falar de seu problema mais recente.

Aparentemente, eles tinham ido esquiar em Zermatt, na Suíça, no fim de semana prolongado e, no segundo dia, Victoria se ofendera com o comentário de Rupert de que o bumbum dela parecia enorme naquelas calças de esqui. No mesmo instante, Victoria alugou um carro e dirigiu por cinco horas para encontrar alguns amigos que estavam esquiando em St. Moritz. Meros mortais teriam tentado conversar para resolver a questão, mas, impulsiva e rica como era, Victoria não precisou fazer isso. Quis frisar sua posição da maneira mais dramática possível, deixando Rupert sozinho na encosta da montanha.

Esse tipo de "atuação" é muito antiterapêutico. O objetivo da terapia é fazer a pessoa refletir sobre os assuntos difíceis, suportar os sentimentos, tolerar o incômodo e enfrentar os medos. Victoria e Rupert pareciam ter o profundo compromisso de não se comprometer com esse processo.

Porém havia algo que os dois queriam mais do que qualquer outra coisa, e, quando eu tocava no assunto, eles ficavam calados e imóveis, enquanto minhas palavras reverberavam em seu íntimo, ecoando seu desejo oceânico de ter um filho. Família era algo que nenhum deles tivera ao crescer. Não entrarei em detalhes a respeito do passado de cada um. Estou certa de que você consegue imaginar as circunstâncias da negligência que eles haviam sofrido. Muito dinheiro e pouquíssima atenção. Mandados para internatos de luxo ainda pequenos. Inúmeros agrados materiais que não compensavam a falta de atenção e amor verdadeiros. Uma fartura de férias e presentes grandiosos, mas nenhuma estabilidade. Se parássemos para pensar brevemente no assunto, veríamos que era muito doloroso. E era isso que eles não queriam, ou não podiam, fazer.

Ao longo das semanas, havia rompimentos e retomadas acalorados durante as sessões. Eu era firme e os fazia parar com as discussões, depois tentava fazê-los perceber a tristeza de tudo aquilo. Como era lamentável que passassem três dias sentindo falta um do outro quando haviam planejado ir ao teatro ou viajar juntos. Eu falava como tudo aquilo era um desperdício de tempo e de esperanças. Aos poucos, muito lentamente, eles começaram a mostrar arrependimento e a se reaproximar mais depressa depois de uma briga.

As crianças adoram casinhas de bonecas porque são lugares em que a fantasia pode dominar. É onde a criança pode ser onipotente e exercer o controle. Victoria e Rupert, muito frágeis internamente, gostavam de fingir que eram indestrutíveis – o que, é claro, não eram.

As divergências entre casais não são apenas inevitáveis, são também importantes. Mais essencial do que concordar talvez seja elaborar nossas diferenças para podermos realmente encontrar um ao outro. Você não é eu. Eu não sou você. E, sim, isso é difícil e decepcionante, mas também mantém nosso interesse e, às vezes, até nos intriga. Além disso, se formos apenas um "nós", quem serei eu?

Portanto, o truque para ser um casal feliz não é parar de discutir, mas aprender a reparar o relacionamento depois da discussão. No início da terapia, Rupert e Victoria faziam as pazes bem depressa, mas nunca faziam mudança alguma, nunca aprendiam nada. Era uma reparação maníaca, para que eles evitassem sentir, pensar e conhecer a origem de sua dor.

Jack e Jill
rolam ladeira abaixo

Jack Sprat não comia nada gorduroso,
Sua mulher não comia carne magra;
E assim, entre um e outro,
Lambiam o prato sem deixar nada.
– Quadrinha infantil

O casamento e as relações de longo prazo podem nos ajudar a nos desenvolver e a evoluir. O prazer e a frustração que encontramos em nossos relacionamentos nos auxiliam a amadurecer. Assim, quando um casal busca a terapia, normalmente é porque esse processo de amadurecimento emperrou, e as pessoas, em vez de constatarem que o relacionamento as ajuda a desabrochar, veem-se aprisionadas em padrões de sentimentos e comportamentos destrutivos. A psicoterapia de casal pode eliminar esse bloqueio e colocar as duas pessoas de volta numa jornada mais criativa, por meio do ciclo vital de ter filhos, criá-los e lançá-los ao mundo; desenvolver as carreiras; cultivar amizades; programar a aposentadoria; e, é claro, com o tempo, enfrentar a velhice e a morte. Para alguns casais cujo relacionamento não amadureceu, esse estado de estagnação se deve à evitação de qualquer conflito.

Eu me lembro de um caso antigo, talvez de trinta anos atrás, que foi o primeiro a deixar isso claro para mim. Os dois eram artistas e moravam no interior, num local tranquilo e isolado, embora não ficasse longe de Londres. Vou chamá-los de Jack e Jill. Era um casal mais velho, sem filhos nem desejo de tê-los. À medida que os fui conhecendo, concluí que a razão disso era que eles mesmos ainda se sentiam imaturos; eram como criancinhas perdidas no bosque.

Naquela época, eu era uma terapeuta em formação com cara de menina e trabalhava no prédio de uma grande clínica do National Health Service. Não era um lugar particularmente acolhedor, mas eu fazia questão de seguir as inúmeras regras sobre como conduzir as consultas. Nessa clínica, o protocolo mandava que, quando os pacientes chegassem, eu telefonasse para uma recepcionista indiferente que ficava no térreo, que então mandava o casal subir para meu consultório, três andares acima.

Era uma tarde de terça-feira e eu havia passado a manhã em seminários com meu supervisor, me preparando para receber o novo casal. Fechei a janela do consultório, dei uma olhada no relógio e vi que eram duas da tarde, então liguei para a recepção para saber se eles haviam chegado. A recepcionista me informou que o casal já estava subindo. Eu não sabia muita coisa sobre Jack e Jill, mas esperei por eles com expectativa junto ao elevador, para cumprimentá-los e levá-los ao meu consultório. Os minutos se passaram e, enquanto eu observava os ponteiros do relógio se moverem aos poucos para as 14h10, comecei a me perguntar para onde eles teriam ido.

Então, quando me virei para a escada ao lado, vi um casal mais velho subindo vagarosamente e se encaminhando para onde eu esperava. Eu não sabia ao certo se eram Jack e Jill, e por isso fiquei parada ali, meio sem jeito, até que lhes disse:

– Olá, sou Susanna Abse. Vocês estão aqui para a consulta?

Eles confirmaram com a cabeça e, em silêncio, me acompanharam pelo corredor até minha sala, decorada com simplicidade, com piso de linóleo e janelas de metal.

Quando cheguei à porta, vi que o casal estava uns seis metros atrás de mim. Eu tinha vindo rápido, admito, mas o ritmo deles era de caramujo e, depois de entrarem, os dois pareceram levar uma eternidade para se livrar das bolsas e dos casacos e se acomodar.

Eu me apresentei formalmente e lhes disse que aquela era uma consulta para avaliar se a terapia de casal seria útil para eles. E então pedi que me falassem um pouco da razão de terem me procurado.

Houve uma longa pausa e aproveitei a oportunidade para estudá-los de perto. Jack era alto e muito magro, e me ocorreu que um dia devia ter sido muito bonito. Seu cabelo era entremeado de fios grisalhos e parecia não ver um pente havia muitos meses.

Jill também tinha um aspecto meio descuidado, com uma saia larga de tweed e uma malha escura que já tinha visto dias melhores. Usava um impressionante colar de contas laranja, e seu cabelo, preso num coque frouxo, era tingido de um vermelho vivo. Consegui ver as raízes brancas quando ela se curvou para colocar a bolsa no chão de linóleo azul e, ao reerguer-se, ela me olhou e abriu um sorrisinho caloroso.

O silêncio continuou, mas, por fim, Jack o rompeu, lançando um olhar ansioso para Jill.

– Estamos tendo problemas com nossos vizinhos. – Ele parou de falar, e fiz um aceno de incentivo para que continuasse.

Mais uma vez, ele olhou de relance para Jill antes de explicar que os vizinhos andavam reclamando de um novo ateliê que eles haviam construído em seu terreno. Fiquei perplexa, mas também curiosa – aquele, com certeza, era um assunto inusitado para a primeira sessão de psicoterapia. Ele disse que o ateliê, embora ficasse longe das outras casas, situava-se na encosta de um morro e por isso era muito visível da rua. Os vizinhos vinham reclamando que a construção estragava a paisagem e acabaram fazendo uma queixa formal à secretaria de planejamento urbano. O casal estava muito preocupado com a possibilidade de terem que demolir o ateliê. Pude sentir a ansiedade que emanava de Jack.

Jill franziu o cenho mas não disse nada, por isso fiz algumas sondagens. Perguntei se essa preocupação estava causando algum problema entre eles. Mais uma vez, houve um longo silêncio antes que Jack retomasse a palavra:

– Talvez.

Eu me voltei para Jill:

– Gostaria de dizer alguma coisa, Jill? Será que você não vê as coisas de um modo diferente?

Mal sabia eu, naquele momento, que essa pergunta tocava no cerne do problema dos dois. Será que ela podia ver as coisas de um modo diferente? Aparentemente, não.

Embora Jack e Jill parecessem hesitar em discutir qualquer problema entre os dois, eles me falaram um pouco mais de sua vida. Tinham se conhecido no primeiro dia de aula na faculdade de artes, ambos recém-chegados a Londres e muito impressionados com tudo. Jack disse ter se sentido atraído pela serenidade de Jill, que parecia muito calma e tranquila – "zen", nas palavras dele. Jill disse ter ficado impressionada com a altura de Jack; ele era do tipo forte e calado, o que a fizera se lembrar do irmão. Os dois falaram animadamente de como haviam desenvolvido uma forma de trabalho conjunto que tinha sido muito importante para a arte de cada um. Inseparáveis desde os 18 anos, eles agora se aproximavam dos 60. Ficou claro que o trabalho tinha sido a força propulsora da vida deles, e Jill se estendeu mais um pouco, falando da maravilha de escultor que Jack era e de quanto ela tentava imitar a ética de trabalho do marido, embora, em algumas ocasiões, isso lhe parecesse um grande desafio. Ao dizer isso, ela deu um sorriso largo e uma risada, e ele também soltou uma boa gargalhada, embora eu não soubesse realmente dizer qual era a graça. A sessão continuou, e notei que os dois davam muitos sorrisos e risadas. Seria aquela uma forma de encobrir sentimentos desconfortáveis?

Depois que eles se foram, escrevi "criancinhas no bosque?" em meu caderno de notas, o que era minha denominação abreviada para um tipo particular de casal, que considera qualquer conflito ou diferença um tremendo desafio e se dispõe a fazer qualquer coisa para manter a serenidade e a harmonia entre si. Como resultado, todos os conflitos e dificuldades se dão com pessoas de fora do mundinho do casal, com pessoas próximas ou irmãos, ou, quem sabe, vizinhos. Tive a impressão de que Jack e Jill estavam tentando viver numa espécie de refúgio infantil, enfurnados na zona rural, longe das intromissões e exigências do mundo exterior. A única mancha no horizonte parecia ser os vizinhos, que eles temiam estar determinados a persegui-los.

Os casais do estilo "criancinhas no bosque" tentam criar um relacionamento em que ambas as partes, como boas mães, captam e atendem as necessidades uma da outra de forma completa e quase tácita. Cada parceiro se adapta ao outro, de modo que se forma uma ilusão de união que pode ser sentida como uma experiência abençoada de apoio e segurança.

Você e eu
Temos tanto amor
Que ele
Arde como um fogo

Em que queimamos dois pedaços de argila
Moldados numa imagem sua.
E numa imagem minha.
Depois, pegamos os dois
E os quebramos em pedaços,
E misturamos os pedaços à água,
E moldamos de novo uma imagem sua.
E uma imagem minha.
Estou na sua argila
Você está na minha argila
Na vida, dividimos uma só colcha.
Na morte dividiremos um só caixão.

– KUAN TAO-SHENG, "Married Love"

Esse poema fala do maravilhoso sentimento de união típico do início da maioria dos relacionamentos amorosos. Ao nos apaixonarmos e depositarmos nosso coração nas mãos de alguém – o que, afinal, é algo bastante arriscado para se fazer com um estranho –, a sensação de estarmos completamente fundidos traz uma ilusão de segurança. Inconscientemente, acreditamos que "se formos um só, você não poderá me magoar. Se formos iguais e unidos para sempre num abraço de amor, você nunca mais me deixará".

Na maioria dos relacionamentos, os dois adultos passam por um processo gradativo de desilusão e separação. A lua de mel termina e a vida real começa. De repente, já não se está vivendo com aquela pessoa ideal, mas com alguém mais real, com seu próprio ponto de vista e necessidades distintas. Essa desilusão pode anunciar o fim de um relacionamento ou ser o começo de uma nova fase. Em geral, traz a sensação de uma perda dolorosa, e o casal pode passar anos e anos elaborando esse desapontamento, a caminho de uma visão mais realista do que aquela relação pode oferecer. Essa fase certamente é menos romântica, mas, para muitos casais, também é o prenúncio de uma intimidade maior, porque é mais verdadeira e porque a intimidade e a proximidade são sempre favorecidas quando os parceiros se sentem compreendidos.

Eu não sabia ao certo se Jack e Jill aceitariam a oferta da psicoterapia de casal. Os dois pareciam ter construído uma vida para se proteger das discordâncias e turbulências que os relacionamentos acarretam. Para minha surpresa, porém, após alguns dias pensando no assunto, eles me escreveram dizendo que gostariam de me ver uma vez por semana. Deixaram claro que aquele seria um grande compromisso; o trajeto até meu consultório lhes tomaria quase duas horas na ida e outras tantas na volta, e eu, ainda na pós-graduação, fiquei meio apreensiva, questionando se minha capacidade de ajudar estaria à altura desse comprometimento deles. Era desconcertante trabalhar com duas pessoas que tinham idade para ser meus pais.

A sessão seguinte não trouxe maiores esclarecimentos sobre os problemas que existiam entre eles; ao contrário, os dois falaram obsessivamente dos vizinhos e do medo que tinham de perder o ateliê. Eles falaram longamente sobre como isso interferiria nos preparativos de Jack para a mostra que ele faria no ano seguinte. Não paravam de comentar como isso era importante: era a primeira exposição individual de Jack e uma honra, algo que nenhuma galeria lhe havia oferecido até então.

– E como é isso para você, Jill? – perguntei. – Será que o Jack vai achar muito desafiador fazer isso sozinho, sem você?

– O problema é o forno – disse ela, ignorando minha pergunta. – Foi muito caro e levou semanas para ser instalado, e simplesmente não temos dinheiro para construir outro. Aquela obra levou o resto de dinheiro que tínhamos. Se disserem que temos que demolir o ateliê, bem, vai ser... – Deixou sua fala morrer, com a testa enrugada como o lenço de papel retorcido em sua mão. Comecei a sentir que os dois estavam com pavor de falar sobre qualquer assunto íntimo. Será que o medo da demolição do ateliê era também uma metáfora do que eles temiam que a terapia pudesse fazer com seu relacionamento? Mas era cedo demais para dizer isso. Eles não escutariam nem entenderiam.

Quando eles finalmente foram embora, fui direto para a gaveta da minha escrivaninha e peguei o maço de Silk Cut que guardava lá. Içando o corpo em direção ao peitoril e abrindo um pouco a janela, eu me sentei no parapeito e acendi um cigarro. Eu teria que ir aos poucos com eles, pensei com meus botões.

Cada um de nós tem uma espécie de molde interno que dá forma à nossa maneira de responder aos outros. Quando bebês e crianças, observamos e absorvemos os relacionamentos à nossa volta, e essas observações formam imagens internas que moldam nossas expectativas em relação à intimidade e nossos temores a respeito dela. Essas impressões não são fixas; eu as imagino como um véu que desce delicadamente sobre nossos olhos, distorcendo a realidade, aparando arestas e nos dando vislumbres do que existe mais além. Penso que isso acontece em todos nós, mas, quando nossas experiências infantis em família causaram fragilidade, foram destrutivas e assustadoras, as imagens internas que formamos dos relacionamentos podem ser muito alarmantes, a ponto de nos deixar amedrontados e desconfiados. Somos vulneráveis e frágeis, fáceis de ferir e de magoar. Somos mais vulneráveis do que os animais mais próximos de nós, os cães, que parecem curar-se muito mais depressa do que os seres humanos.

Eu me lembrei disso quando Mazy chegou, durante a pandemia. Mazy era uma cadela troncuda, de cerca de 1 ano, que havia esperado pacientemente por um lar. Quando a conhecemos, ela era afável e fedorenta; aceitava carinho e abanava o rabo, mas não nos olhava nos olhos. Com a mesma alegria, acho que ela iria embora com o primeiro estranho que tivesse biscoitinhos melhores para oferecer. Quando deixávamos a guia dela cair sem querer, ela corria, indiferente a nós, buscando garantir a próxima refeição. Depois veio um período de rebeldia e recusa a cooperar – uma espécie de superioridade egoísta, quando ela roubava guloseimas e escondia seus brinquedos. Em seguida, passados três meses de sua chegada, ela pareceu relaxar e se tornou mais dócil. E então nos apaixonamos. Ela me olhava no fundo dos olhos e eu retribuía o olhar, e um sentimento intenso de conexão de repente veio à tona. Eu confiava nela e ela confiava em mim. Aquilo me deixou admirada. Pensei em todos os anos trabalhando com alguns pacientes e me lembrei de como tinha sido demorado e dolorido ganhar a confiança deles. Os cães, parece, são menos frágeis do que os seres humanos. Quando feridos, sabem se recuperar, e se recuperam mais depressa.

Jack e Jill não tinham se recuperado. O que quer que os tivesse perturbado na infância estava agora no volante do relacionamento deles. Alguma coisa os havia amedrontado quando pequenos, e sua estratégia para lidar com o medo de se machucarem de novo era criar uma espécie de retiro idealizado em comum, longe do mundo e dos fantasmas que moravam no quarto das crianças.

Na semana seguinte, esperei Jack e Jill no consultório. Dez minutos antes da sessão, eu tinha ligado para a recepção e sido informada de que eles estavam subindo. Mas será que estavam mesmo? Minha mente vagou para a primeira sessão e recordei como eles também haviam "desaparecido" naquele dia. Peguei o telefone e liguei de novo para a recepção, pedindo à recepcionista que verificasse novamente se eles não estavam ali esperando para ser chamados. Mas não, a secretária disse, eles já tinham subido.

Finalmente, ouvi um leve farfalhar do lado de fora da porta aberta e, escancarando-a, vi Jack e Jill parados, como que em fila, junto à parede do corredor. Fiz sinal para que entrassem e eles caminharam lentamente até as duas poltronas, e se sentaram com muita cautela nas beiradas.

– Parece que vocês estão se sentindo meio hesitantes hoje – comentei, com um sorriso caloroso.

Jill me olhou e senti em seu olhar um enorme anseio. Mas ela não disse nada, tampouco Jack.

– Acho que vocês querem que eu compreenda tudo a respeito de vocês e de seus problemas sem que precisem me explicar nada.

Jack assentiu com a cabeça e sorriu.

– Será que também é assim entre vocês? Será que vocês precisam entender um ao outro sem ter que falar nada?

Jack tornou a assentir com a cabeça, e Jill disse:

– É, mas... – Fez uma pausa. – Mas o Jack parece que não me entende.

Aguardei, esperando que dissesse mais alguma coisa, mas ela não disse.

– E o que ele não entende, Jill? – perguntei.

Eu sabia que essa era uma estratégia arriscada, que fazer uma pergunta poderia me levar a outra, até que eu a estivesse praticamente interrogando. Mas achei que tinha que ajudá-la um pouco se quiséssemos progredir.

– Não tenho mais renda. Não temos mais dinheiro.

Olhei para Jack, mas seu rosto estava inexpressivo.

– Isso deve ser realmente assustador.

Então, Jill começou a falar, dizendo que havia herdado uma

grande soma de dinheiro. Eles tinham vivido de sua herança desde que saíram da faculdade de artes, mas a última parte dessa herança tinha ido para a construção do ateliê. Jack precisava do espaço, e agora não lhes sobrara nada. Ela encolheu os ombros num gesto de desânimo e tornei a olhar para Jack, que olhava fixo pela janela.

Confesso que senti uma onda de raiva me tomando. Pelo amor de Deus, Jack, pensei, faça um esforço para entender. Em seguida, eu me perguntei se esse meu sentimento tinha alguma ligação com a raiva reprimida de Jill.

– Você gostaria que o Jack tivesse uma participação maior nisso, Jill? Será que tem a sensação de estar se preocupando com o dinheiro sozinha?

Ela pareceu pensativa e disse, com ar decidido:

– Não quero preocupar o Jack.

Fui invadida por uma sensação de desesperança. Mas me recompus e perguntei:

– Você fica preocupado, Jack? Com a situação financeira de vocês?

Ele abanou a cabeça e franziu os lábios, mas não falou nada. Resolvi ser mais direta:

– O que você sentiria se o dinheiro acabasse, Jack?

Ele pareceu surpreso, como se nunca tivesse feito essa pergunta a si mesmo. Percebi que Jill o observava atentamente.

– Na verdade, não sei. Acho que ficaríamos bem.

Passamos algum tempo sentados em silêncio, os três. Fiquei desanimada e comecei a temer que eles não voltassem, e que meu supervisor, a quem eu teria que apresentar o caso, me visse como um fracasso. Eu tinha que fazer alguma coisa. Mas o quê?

O silêncio parecia interminável. Por fim, eu disse:

– Acho que, de maneiras diferentes, vocês estão me dizendo que é um desafio estar aqui e é assustador discutir alguma dificuldade entre vocês dois. Hoje percebi que vocês levaram muito tempo para subir, como se de alguma forma estivessem relutantes em iniciar este processo, e vejo que vocês dois parecem ter se comprometido a manter as coisas tranquilas entre vocês.

Senti uma onda de alívio quando Jack começou a falar:

– Parece que a Jill não quer ser... íntima. Não sei por quê, e é uma pena...

– Íntima? – repeti.

– É. Isso mesmo. Íntima – disse Jack, baixando os olhos para os pés.

– Você está querendo dizer que vocês não têm mais intimidade sexual?

Os dois confirmaram com a cabeça.

– Podem me falar um pouco sobre como tem sido essa parte da vida de vocês ao longo dos anos? – sugeri.

Jack então falou por um tempo considerável sobre o período em que ele e Jill haviam tido uma boa vida sexual. Disse que eram virgens quando se conheceram e que, naquela época, as pessoas não tinham relações sexuais antes do casamento. Mas eles tiveram, e isso fizera parte da libertação de suas respectivas famílias. Depois, porém, haviam parado. Não sabiam por quê, e, quando perguntei quanto tempo fazia desde a última relação sexual dos dois, levei um susto ao ouvir que fazia 25 anos.

– Acho que é menos do que isso, Jack. Muito menos – disse Jill.

Jack não a olhou nem a rebateu, apenas ficou ali, com uma expressão impassível, olhando para mim.

Eu me senti despreparada para responder. O que poderia dizer de útil àquele casal que era quase trinta anos mais velho que eu?

As sessões continuaram assim por muitas semanas. Nenhum dos dois falava sem ser solicitado e minhas tentativas de iniciar qualquer exploração entre eles eram recebidas com silêncio, risadas ou mudanças de assunto. Essa foi minha primeira lição sobre como as defesas de um casal podem ser rígidas e intransponíveis. Eles se esforçavam fortemente para me manter do lado de fora. E, no entanto, continuavam comparecendo às sessões, de modo que eu achava que, em algum lugar deles, havia a esperança de mudar.

No grupo semanal de discussão de casos que eu frequentava como parte de minha formação, Jack e Jill se tornaram um tópico regular. Eu falava dos dois com frequência, em busca de ajuda. Meus jovens colegas de pós-graduação me olhavam com simpatia quando eu começava a falar de quanto esse casal me frustrava. Meu supervisor me incentivava a seguir em frente, dizendo que, se eu aguentasse minha frustração e interpretasse o medo que eles tinham da mudança, mais cedo ou mais tarde eles começariam a ceder e se abririam.

Embora o meu consultório consista simplesmente em quatro paredes brancas, cada paciente traz, junto com seus problemas, a riqueza de sua vida interior e, claro, também da exterior. Eles falam de sua casa, do sofá novo e dos amigos que convidaram para almoçar. Discutem as férias e brigam por causa da escolha de escolas, evocando em minha mente uma casa, um restaurante, um amigo ou até uma refeição. Acompanho meus pacientes na travessia da vida e, nessa jornada, tento ajudá-los a compreender todos os sentimentos e conflitos que a vida provoca. Entretanto, às vezes um paciente não traz coisa alguma. Nenhuma imagem. Nenhum acontecimento. Nenhum amigo. O mundo que ele evoca dentro de mim é vazio, sem vida. Esses são os casos mais preocupantes e os mais difíceis de suportar.

Jack e Jill eram assim. Eu não tinha imagens, cenas nem

interações sociais em minha cabeça que me ajudassem a compreender a vida deles. Tudo o que tinha era um vazio. Os dois eram pessoas que, apesar de artistas, não tinham cores ou criatividade. Os problemas que eles traziam, como a falta de sexo ou de dinheiro, embora obviamente importantes, de algum modo eram sempre abandonados. Nada parecia se desenvolver nem ser resolvido, e eu me sentia sem energia e frustrada, decepcionada com a impressão de que nada mudava ou se mexia. Eu estava emperrada. Eles estavam emperrados.

Apesar de eu ter perguntado em várias ocasiões, eles disseram muito pouco sobre sua vida familiar na infância e, estranhamente, o que haviam me contado fora tão inexpressivo que pareceu escapar da minha mente assim que eles falaram. Por isso, fiquei empolgada e alerta quando, seis meses depois de iniciarem a terapia, Jill começou a falar da irmã em tom animado.

– Joan, minha irmã caçula, vem ficar com a gente na semana que vem. Ela está saindo do hospital.

Esperei e torci para que meu rosto mostrasse que eu estava interessada em ouvir mais. Àquela altura, eu tinha medo de me transformar numa espécie de inquisidora, fazendo uma pergunta atrás da outra.

– Ela tem esquizofrenia. Acho que eu falei para você. – (Eu tinha certeza de que não havia falado.) – Ela vai ficar lá em casa, por isso estou arrumando um quarto. – Fez uma pausa. – Isso é difícil, porque preciso mudar muitas coisas de lugar. Pedi ajuda para o Jack, mas você está ocupado demais, não é, querido?

Ele fez que sim.

– Não estou exatamente ansioso para isso, entende?

– Para a vinda dela? – perguntei.

Como de praxe, foi como tirar leite de pedra, mas, aos poucos, Jack admitiu estar preocupado com a possibilidade de Jill se cansar demais, o que atrapalharia o trabalho deles.

– A Joan às vezes dá muito trabalho, especialmente para a Jill. Como é que você vai fazer tudo se tiver que cuidar dela o tempo todo? Precisamos nos concentrar na exposição – disse Jack, agora num tom ligeiramente belicoso.

– As coisas foram muito difíceis para ela, Jack. Nós tivemos sorte. Ela passou a vida inteira entrando e saindo de hospitais. Acho que o que aconteceu com meus pais a afetou muito – afirmou Jill, dirigindo-se a mim.

– O que aconteceu com seus pais? – perguntei, de repente curiosa e torcendo para que ela revelasse alguma coisa importante. Mas procurei controlar minha curiosidade para não correr o risco de que Jill, vendo como eu estava interessada, se fechasse e decidisse não falar mais nada. Era como tentar fazer um animal selvagem nervoso aproximar-se e comer na minha mão.

– Bem, é uma longa história – disse ela, com um risinho sem jeito. Então me contou que sua mãe tinha adoecido por causa de "problemas nos nervos", o que deixava seu pai furioso. Havia brigas terríveis e ele se tornava violento, dizendo aos filhos que estava ensinando a mãe deles a se comportar.

Foi doloroso escutar aquilo e comecei a me sentir triste por ela.

– Deve ter sido muito assustador para você e sua irmã – comentei. Mas Jill não falou nada e, à medida que foi falando mais da doença da mãe, comecei a me perguntar até que ponto ela tivera que se desvincular daqueles acontecimentos traumáticos, perdendo a capacidade de se manter em contato com muitos tipos de sentimento.

– O problema era que, apesar de o meu pai tentar explicar que ela não podia passar a noite inteira trancando e destrancando as portas, ela não conseguia deixar de fazer isso. E aí ele se irritava, explodia e batia nela.

Quando prosseguiu, começou a ficar claro que sua mãe havia sofrido de compulsões obsessivas. Jill descreveu as limpezas que ela fazia, maniacamente, apesar de a família ter empregados. A mãe morria de medo de que Jill e a irmã pegassem piolho, e insistia em lavar e pentear o cabelo das filhas quatro ou cinco vezes por dia. Quando as coisas iam mal, a mãe se trancava no quarto e se recusava a sair, e às vezes ficava assim durante dias, até semanas. Jill não se lembrava direito de quanto tempo ela passava trancada.

– Acho que foi mais difícil para a Joan porque ela era muito pequena. E, de um jeito diferente, foi complicado também para meu irmão mais velho, o Ted.

– Por quê? – perguntei.

– Ele não conseguia deixar de se meter. Eu fugia e me escondia no jardim, mas o Ted... – Ela fez uma pausa e olhou para Jack. – O Ted sempre tentava proteger a mamãe. E aí meu pai batia nele também.

Ela parou de falar e olhou para mim. Deu um suspiro, mas não chorou.

– Ele se matou. Quando tinha 21 anos. Pouco antes de eu conhecer você, não foi? – perguntou, virando-se para Jack.

Ele fez um gesto afirmativo com a cabeça, mas não disse nada.

– Você já tinha ouvido a Jill falar dessas coisas, Jack? – perguntei.

Ele fez que não com a cabeça, parecendo subitamente impressionado.

– Eu sabia do Ted, mas das outras coisas, não. Sabia que o pai da Jill era mal-humorado e que a mãe dela nem sempre estava bem. Mas você nunca me falou disso – disse, virando-se para a esposa.

Pensei em como era triste Jill nunca ter compartilhado isso com o marido, mas eu estava começando a entender que eles realmente falavam pouco de qualquer coisa que fosse penosa ou difícil.

– O Jack não conheceu minha mãe. Ela morreu pouco antes de a gente se formar. Teve um infarto – disse Jill, sem rodeios.

– Sei que ela era muito magra – acrescentou Jack.

– Ela não comia. Nunca. O Ted também não.

E, de repente, pela primeira vez, notei como Jack era magro.

Depois que os dois saíram, pensei no que havia me escapado; tudo parecia muito mais sério agora. Naquele momento eu tive consciência de como os dois eram vulneráveis e de que, se começassem a se abrir e trazer antigas feridas à tona, sua mesmice emperrada poderia se tornar algo muito instável, talvez até perigoso.

Algo se modificou em mim depois disso. Parei de me sentir frustrada e passei a ficar com uma apreensão profunda, e eles, talvez por intuírem minha apreensão, passaram a falar mais livremente nas sessões. Fiquei sabendo que Joan também tentara se matar em várias ocasiões. Soube que, antes de morrer, o pai de Jill tinha desenvolvido demência por corpos de Lewy, e por isso começara a ter alucinações psicóticas. O diagnóstico dessa demência havia escapado aos médicos e ele fora internado num hospital psiquiátrico, o mesmo em que a mãe de Jill tinha passado a vida inteira, entrando e saindo. Quanto mais eu soube da família dela, mais fui compreendendo por que Jill havia se retirado "para o bosque" com Jack.

Conforme as semanas passaram, ficou claro que Joan vinha causando problemas entre os dois. Ela exigia muitos cuidados e atenção, o que alvoroçava a superfície aparentemente serena e imperturbável da vida do casal. Se antes eles haviam falado com hesitação dos vizinhos e da secretaria de planejamento urbano, agora falavam incessantemente de Joan. Fiquei sabendo da bagunça que ela havia deixado na cozinha, que ficava perambulando à noite, deixando todas as luzes acesas, e tive a impressão de que, embora isso fosse um incômodo, era também uma forma de eles se ligarem um ao outro. Mais uma vez, os problemas estavam fora do relacionamento – eles podiam juntar forças contra um inimigo comum, como os vizinhos ou, agora, ao que parecia, Joan.

No entanto, uma diferença pequena, mas significativa, começou a ser expressa, de forma meio hesitante. Eles haviam passado um tempo falando de como Jack estava demorando para fazer uma determinada peça. Essa escultura envolvia um complexo mosaico de milhares de cacos de vidro, e Jack vinha ficando cada vez mais tenso, preocupado de não conseguir concluí-la a tempo. Ao ouvir falar desse problema pela quinta vez, eu me peguei perguntando se algum dia eles haviam pensado em pedir ajuda. Eu sabia que muitos artistas tinham assistentes.

– Nunca deixamos ninguém entrar no ateliê, a não ser nós mesmos – reagiu Jack.

Pensei em como esse ateliê parecia ser uma espécie de microcosmo do relacionamento do casal, algo que mantinha o mundo do lado de fora; uma espécie de refúgio.

– Por que não? – perguntei.

Senti que eles precisavam de um questionamento. A concordância completa deles a respeito dos problemas com Joan tinha me deixado com vontade de perturbar esse acordo.

– Bem, nós nunca deixamos. Ninguém sabe fazer como a gente. Não funciona assim, Susanna! – vociferou Jack.

– Talvez a Joan pudesse ajudar. Ela poderia polir o vidro. Poderia até colá-lo – disse Jill, hesitante.

– Não acho. Ela não aceitaria, de todo modo – retrucou Jack, descartando a sugestão. E, virando-se para mim, acrescentou:
– Ela é muito preguiçosa, não sai da cama antes do meio-dia.
– E riu.

– Não sei. Talvez fosse bom para ela. E realmente me ajudaria – insistiu Jill, de forma atípica.

Jack deu de ombros e eles recomeçaram a falar sobre o jeito desleixado de Joan, acalmando a pequena rusga que surgira entre os dois.

Essas diferenças passaram a surgir com mais frequência. Percebi que Jill começava a encontrar a própria voz, questionando Jack, mesmo que um pouquinho. Seria porque ela me vira questionando o marido com delicadeza? Estaria começando a se sentir mais segura para emitir sua própria opinião?

* * *

Era setembro e fazia quase um ano que eu trabalhava com Jack e Jill. Havia acabado de voltar de minhas férias de verão e aquela era a minha primeira sessão depois do retorno. Como de praxe, liguei para a recepção para pedir que Jack e Jill subissem e, mais uma vez, passaram-se minutos depois do horário e eles não apareceram. Fiquei na porta, olhando para o longo corredor na direção dos elevadores, na expectativa de que surgissem a qualquer momento. As portas do elevador se abriram e um grupo de pessoas saiu, mas Jack e Jill não estavam entre elas. Voltei para o consultório e liguei para a recepção, mas, apesar de ter tentado várias vezes, o interfone estava ocupado e não consegui falar. Voltei a olhar para o corredor, ansiosa – nenhum sinal ainda. Onde eles estavam?

Quase vinte minutos haviam se passado quando ouvi passos do lado de fora. Pouco depois, Jack e Jill entraram na sala arrastando os pés. Esperei pacientemente enquanto eles ajeitavam as bolsas e se sentavam, sempre olhando um para o outro.

– Houve algum problema lá embaixo? – indaguei. – Fiquei me perguntando para onde vocês teriam ido.

Eles pareceram envergonhados. Jill manteve a cabeça baixa e Jack evitou meu olhar. Uma espécie de constrangimento tomou conta da sala e senti que estava começando a transpirar com aquele incômodo, embora não entendesse por quê. Será que havia perguntado alguma coisa que não deveria?

Jill levantou a cabeça:

– Sinto muito termos feito você esperar. Às vezes vamos ao banheiro… juntos… para trocar um abraço. Às vezes, acho que quando estamos tensos, nos abraçamos no banheiro antes de subir. – Ela então olhou para Jack e os dois riram, e eu também, ao me lembrar de todas as outras vezes em que eles haviam levado uma eternidade para chegar até o meu consultório.

– Será que parte da tensão de hoje é por causa do retorno, depois de um intervalo longo? – perguntei.

Fez-se silêncio por algum tempo, e então Jill falou:

– A Joan voltou para o hospital. Eu a levei na semana passada. Ela quebrou uma das peças do Jack no ateliê.

Soltei um arquejo sobressaltado e olhei para Jack, que deu um enorme suspiro enquanto começava a falar:

– É, destruiu completamente a peça. Com um martelo.

Havia algo de chocante nessa destruição, um grande contraponto à calma impassível de Jack e Jill: a Joan "doida", enlouquecida com o martelo, enquanto eles estavam sentados ali explicando calmamente que, por sorte, a escultura que Joan quebrara não estava entre as que Jack planejava expor. Falaram de como era um alívio ela não ter destroçado a "Caverna".

– Caverna? – perguntei.

– Ah, é a peça que a Joan estava ajudando a fazer, uma escultura grande e realmente importante. Seria um desastre completo se ela tivesse quebrado essa!

Os dois puseram-se a falar da peça – de como era complexa e da esperança que tinham de que fosse vendida. Essa escultura parecia ser uma espécie de mosaico invertido, cuja maior parte ficava escondida dos olhos. Falaram sem parar sobre a quantidade de cacos de vidro envolvida e sobre o valor pelo qual o agente de Jack achava que ela poderia ser vendida. A princípio, fiquei bastante interessada nessa conversa, mas depois me lembrei de Joan e daquele ato chocante de violência.

– Enquanto vocês falam dessa escultura, fico pensando no quanto *vocês* se escondem do olhar dos outros. Que os dois se retiram para uma espécie de caverna, longe das coisas dolorosas. Vocês me disseram que aconteceu uma coisa terrível e violenta e, no entanto, sentem muita dificuldade em tocar no assunto. Será que não foi também a ideia de falarem disso comigo que fez vocês se recolherem numa espécie de "caverna-banheiro" antes da sessão?

Jack me fuzilou com os olhos, claramente aborrecido.

– Não sei por que nós estamos aqui com você, Susanna. Hoje eu realmente *não queria* vir. Não adianta para nada e, se a Jill não gostasse *tanto* disso, acho que eu nunca mais voltaria. Não vejo mesmo qual é a utilidade de escavar tudo isso. Precisamos olhar para a frente, não para trás. Agora tenho que me concentrar na exposição, não na Joan nem nesse... troço.

Eu nunca tinha ouvido Jack falar com tanta irritação ou tanta franqueza, e foi um enorme alívio vê-lo ali, pela primeira vez, dizendo o que pensava.

– Não seja tão grosseiro, Jack! – interveio Jill. – A Susanna só está tentando nos ajudar. Estou cansada de você ver só o lado negativo das nossas sessões.

– Eu não acho isso útil. Se a Susanna não tivesse sugerido, a Joan nunca teria entrado no ateliê. E essa história toda realmente atrapalhou e atrasou tudo. E você tem estado uma pilha de nervos desde então. Em que é que isso ajuda? – concluiu Jack, com o rosto avermelhado e a voz trêmula de raiva.

Foi como se um dique se rompesse e expusesse uma coisa bruta e violenta. A raiva reprimida por tanto tempo se fez presente no consultório. Tentei falar de como esses sentimentos eram assustadores e do quanto eles haviam tentado evitá-los, mas não cheguei muito longe. A sessão terminou mal, sem que nenhum dos dois me olhasse nos olhos ao sair.

Fiquei apreensiva, mas não surpresa, ao receber uma mensagem deles na semana seguinte dizendo que lamentavam mas não poderiam ir naquele dia. Eles nunca tinham cancelado uma sessão e temi que tivessem ficado assustados com o conflito a ponto de acabar interrompendo a terapia. Fiquei sentada sozinha no consultório, mordendo a ponta da caneta enquanto redigia uma carta para dizer que esperava vê-los na semana seguinte. Entretanto, quando chegou o dia, aguardei o horário marcado e, mais uma vez, os dois não apareceram. Fui falar com a administração. Eles haviam ligado? Não, não haviam. Escrevi outra carta, reconhecendo que a última sessão tinha sido muito difícil e lembrando-lhes de que estaria à espera deles na semana seguinte. Sabia que, se eles não aparecessem de novo, eu deveria encerrar o caso, o que causaria problemas na minha formação e me deixaria com a sensação de ter falhado e decepcionado Jack e Jill. Meu grupo de colegas da pós-graduação me consolou e meu supervisor falou que os casais tinham um grande poder de evitar a mudança caso ela ameaçasse o relacionamento.

Na semana seguinte, não criei nenhuma expectativa; eles não haviam entrado em contato e eu tinha certeza de que não apareceriam. Assim, foi com grande surpresa que, às três da tarde em ponto, o telefone tocou e a recepcionista me informou que Jack e Jill estavam subindo. Segundos depois, eu os ouvi caminhando pelo corredor e abri a porta.

– Lamentamos muito, Susanna. De verdade – disse Jill, às

pressas, enquanto se sentava. – Devíamos ter entrado em contato, mas passamos por um momento muito difícil. – Meneou a cabeça na direção de Jack e acompanhei seu olhar até a mão dele, escondida sob um grande curativo.

Jack me olhou, e havia nele um quê de vergonha e constrangimento.

– O que aconteceu? – perguntei com delicadeza.

– Fale você – Jack pediu a Jill.

Olhei para ela, que parecia encolhida e envelhecida, como se tivessem sugado toda sua energia.

– Ele se machucou com um cinzel. Ele ficou nervoso... depois entrou no ateliê e, bem... ahn... se machucou.

Fez-se silêncio.

– Ele foi hospitalizado. Só saiu ontem... – continuou ela, deixando a frase morrer, a voz quase inaudível.

Demorou algum tempo, mas descobri que foi necessário chamar uma ambulância e que, no pronto-socorro, Jack ficara tão agitado que o internaram na ala psiquiátrica. Comentei quanto devia ter sido assustador, para o próprio Jack e também para Jill, vê-lo daquele jeito, ele que era sempre tão calmo e controlado.

Os dois não falaram nada diante dos meus comentários. Jack, de cabeça baixa, fitava a mão, e Jill o olhava com ar apreensivo.

– Não é a primeira vez, Susanna. Já o tinha visto assim antes. Ele já fez isso outras vezes – afirmou Jill, encabulada, como se me confessasse algo secreto.

Virei-me para Jack. Será que ele queria dizer mais alguma coisa?

– No final da faculdade, pouco antes da exposição de formatura, fiquei muito nervoso...

– Você cortou os pulsos, Jack – interveio Jill, desafiando o marido a ser mais específico.

– É. – Jack assentiu com a cabeça, relutante. – É, cortei. Achei que ia ser reprovado.

A atmosfera no consultório ficou eletrizada, como se Jill estivesse humilhando Jack e tirando dele cada migalha de orgulho. Pude ver a sensação de vergonha e tristeza que se instalou entre os dois e senti que precisava encontrar um jeito de ajudar Jack a falar de si mesmo.

Mas não foi ele quem falou nessa hora; foi Jill que me contou do psiquiatra com quem os dois haviam conversado e da discussão sobre a medicação e a consulta de acompanhamento a que eles teriam de ir na semana seguinte. Enquanto ela falava, senti que Jack ia se tranquilizando. Falou quase como se ela é que tivesse se machucado, como se os dois tivessem uma consulta marcada com o médico na terça-feira seguinte. Eu me senti absorta nessa conversa reconfortante, enquanto Jack permanecia calado, preso em seus sentimentos. Mas logo esse momento de franqueza evaporou e estávamos de volta à situação em que tudo se fechava entre eles. Tudo o que eu disse ou tentei explorar no restante da sessão foi recebido com resistência ou sorrisos vazios.

Minha mente vagou; eu me senti incapaz de ajudá-los a ser mais verdadeiros. Talvez eu até estivesse errada em tentar me aprofundar nesse assunto – afinal, agitar as coisas parecia ter piorado a situação. Talvez eles só precisassem se acalmar e voltar à segurança. Quem era eu para saber?

Fiquei ali sentada, frustrada e sem saber ao certo como ajudar. Por isso, não disse nada durante um tempo, deixando que Jill falasse.

– A gente pensou que talvez seja melhor fazer uma pequena pausa nas consultas com você – disse ela. – Acho que passaremos um tempo vendo o psiquiatra... Talvez seja melhor fazermos apenas isso, não acha?

– Será que você está com medo de que seja demais para o Jack? Você quer protegê-lo e acha que talvez seja mais fácil para ele parar de vir aqui, é isso?

– É, acho que sim.

Ambas olhamos para Jack, à espera de sua manifestação.

– Nós vamos continuar vindo. Você quer vir, Jill, então vamos continuar vindo – disse Jack.

– Tudo bem, Jack. Podemos voltar só quando você se sentir melhor – retrucou Jill. – Nós poderíamos voltar, não poderíamos? – perguntou ela, olhando ansiosamente para mim.

A agitação de Jill era cansativa e tive a sensação de que aquela superproteção faria Jack ficar ainda mais retraído. Então, de repente, pensei no irmão dela e no suicídio dele. Seria isso o que a levava a tomar tanto cuidado para não aborrecer o marido? Será que ela era assim porque tinha um medo constante de que *ele* se matasse?

– Estive pensando no seu irmão, Jill. Você me disse que o Jack a fazia se lembrar dele, quando se conheceram.

Ela assentiu com a cabeça e prossegui:

– E notei, agora há pouco, o quanto você parece querer proteger o Jack. – Ela tornou a fazer que sim, embora com menos ênfase. – Andei pensando que, talvez, a razão desse seu desejo tão intenso de protegê-lo seja o medo de que a história se repita, de que você venha a perdê-lo do mesmo modo que perdeu seu irmão.

– É isso mesmo? – perguntou Jack, olhando incrédulo para Jill. – É com isso que você anda preocupada?

Jill encolheu ligeiramente os ombros:

– Talvez... Talvez. – Ela ficou pensativa. Em seguida, falou sobre o Ted e sobre a falta que sentia dele. A morte do irmão tinha acontecido de repente e até aquele momento ela não compreendia por que ele se matara. O irmão tirara a própria vida jogando sua caminhonete de um desfiladeiro próximo do lugar onde eles haviam crescido. No dia anterior, todos tinham almoçado juntos e ele parecia estar bem, com seu jeito de sempre.

Depois disso, ficamos todos em silêncio, pensando em Ted, enquanto Jill chorava baixinho.

– Parece que você nunca conseguiu compreender a morte do seu irmão. Acha que consegue entender por que o Jack tentou se machucar? – perguntei.

– Não. Na verdade, eu sei que devia entender, mas não entendo. Não consigo.

– Será que você acha muito perigoso perguntar a ele, Jill?

Ela fez que sim com a cabeça e olhou para o marido, mas Jack permaneceu calado, envolto em seu próprio pavor.

– Eu não sei no que ele pensa, Susanna. Antigamente eu sabia, mas, agora, acho que não sei.

– Será que mudou aquela sensação de que vocês realmente conhecem os pensamentos um do outro, de que são muito próximos e muito seguros um com o outro?

– A Jill mudou – disse Jack, sem rodeios.

– Mudei? Não mudei nada! Acho que não. Será?

– Em que sentido a Jill mudou, Jack? – perguntei.

– Você ainda me ama? – indagou ele, me ignorando e se virando para a mulher.

– É claro que sim. Eu te amo! Foi por isso que você se machucou? Foi por isso? É claro que eu te amo, Jack!

* * *

Na época, fiquei decepcionada por não ter dado uma ajuda maior a Jack e Jill. Eu tinha o zelo e o idealismo de uma jovem terapeuta e não compreendia que um casal só precisa mudar um pouco para que a vida se torne mais compensadora e esperançosa. Eles tinham sido um casal do tipo "criancinhas no bosque" e toda a sua relação tinha se estruturado para manter afastadas as incertezas obscuras e assustadoras que os haviam ameaçado na infância. Gradativamente, tinham saído um pouco da caverna e enfrentado algumas das coisas que os haviam assombrado durante tantos anos. Eles tinham se tornado mais francos e autênticos entre si e até comigo, e, como acontece em todos os relacionamentos, essa franqueza havia trazido uma resiliência maior para eles e para seu casamento.

Jack começou a se tratar sozinho com um psicanalista, o que não apenas o ajudou com seus medos, mas também levou Jill a se sentir um pouco menos responsável pelo marido e pela segurança dele. Depois de quatro anos, concordamos que aquela parecia ser a hora certa de encerrarmos a terapia de casal. Creio que poderíamos ter continuado para sempre. Havia algo atemporal no jeito como eles levavam a vida, e essa atemporalidade havia se refletido em nosso trabalho. Estávamos mais à vontade juntos e, apesar de eles me mostrarem que podiam ser pessoas diferentes, com mentes diferentes, seu desejo de concordar um com o outro era algo profundo neles. Na minha opinião, era assim que se sentiam mais seguros, simplesmente.

Kristof continua beijando o sapo

Às vezes me pergunto se os seres humanos são capazes de lidar com todos os sentimentos que nossa biologia nos proporcionou. Anos atrás, eu tinha um sonho recorrente em que dirigia um carro, mas era pequena demais para alcançar os pedais. O veículo rumava para o desastre enquanto eu me esforçava para tocar no freio. Será que esse sonho representava meu medo de não ser capaz de lidar com meus próprios sentimentos? Seria, talvez, uma espécie de ressaca daquelas primeiras experiências infantis, quando eu era tomada por emoções que não conseguia conter? À medida que ficamos mais velhos, quase todos aprendemos a controlar nossas emoções e nossos impulsos, mas as relações amorosas podem evocar emoções que muitas vezes nos tiram do eixo.

Para alguns pacientes, é um choque descobrir sentimentos e desejos que ainda não conheciam. Como os sentimentos são muito poderosos, encontramos inúmeras maneiras de reprimi-los. Algumas pessoas sufocam seus desejos com atividade física. Outras focam no trabalho; outras, ainda, se refugiam nos jogos eletrônicos ou nos livros. Às vezes, somatizamos emoções reprimidas, que se expressam em nosso corpo sob a forma de dor de cabeça, dor nas costas ou um misterioso mal-estar no estômago. E existem, é claro, maneiras menos saudáveis de enfrentar as emoções, como o abuso de álcool ou drogas.

Porém, há uma forma de lidar com os sentimentos que é menos conhecida e compreendida, chamada na teoria psicanalítica de "projeção". A projeção é um processo mental por meio do qual atribuímos a outra pessoa algo que rejeitamos ou negamos em nós mesmos. Um exemplo típico e comum, que a maioria de nós já vivenciou em algum momento, é quando temos vergonha de um traço na nossa personalidade – como ganância ou agressividade – e tentamos esconder essa vergonha identificando esse traço nos outros.

A projeção também pode ajudar a explicar o inexplicável, como, por exemplo, o ódio em massa e o genocídio. Infelizmente, já vimos muitas situações em que um grupo acusa outro de desonestidade ou violência, e o ataca de forma odiosa e violenta. Nessas situações, o primeiro grupo se considera "puro", mas comete os mesmos atos de que acusa o outro.

A projeção, em um grau menos dramático, é algo que vejo com frequência no consultório. Um paciente, que me procurou por estar tendo dificuldades com letargia e depressão, começou a sessão me contando que havia repreendido o filho adolescente porque ele passava o fim de semana inteiro jogando videogame e mexendo no celular. O paciente reclamou que havia comprado um violão para o filho e pagado aulas particulares, mas ele nunca treinava nem se dedicava a aprender ou a fazer qualquer coisa de útil. Não demorou muito para entendermos que ele gritava com o filho exatamente por causa daquilo que mais causava angústia nele mesmo: a *própria* dificuldade de ser produtivo e proativo. Esse paciente começou a terapia por se sentir um fracasso e ter sido incapaz de transformar seus projetos em realidade ao longo da vida. Juntos, acabamos entendendo que ele estava se distanciando da própria vergonha ao acusar o filho de ser preguiçoso e não ter objetivos. À medida que ele foi compreendendo isso, sua frustração com o filho diminuiu e a relação entre os dois melhorou.

Há também um tipo específico de projeção que normalmente ocorre entre parceiros íntimos, chamada "identificação projetiva". Esse processo se dá quando projetamos em nosso par um traço de que não gostamos em nós mesmos e essa pessoa, muitas vezes sem palavras e sem sequer se dar conta disso, retira esse traço de nós. Por exemplo, quando somos criados numa família em que a vulnerabilidade é vista como fraqueza, precisamos nos livrar dessa vergonha projetando nossa vulnerabilidade no parceiro e o tratando como se *ele* fosse frágil. O mais curioso é que, quando esse parceiro não se incomoda com a própria vulnerabilidade ou não sente vergonha dela (talvez por ter sido criado em uma família em que não havia problemas em sentir-se meio carente de vez em quando), aos poucos nos tornamos menos preocupados com a nossa "fraqueza" também. Assim, aprendemos algo com nosso par em termos afetivos: o traço de que sentíamos vergonha não é, na verdade, tão ruim quanto pensávamos. Com isso, podemos começar a conhecer melhor e até apreciar essa parte de nós que antes havíamos negado. E isso, é claro, favorece o crescimento pessoal e o desenvolvimento psicológico. Essa é a parte criativa dos relacionamentos, na qual aprendemos e amadurecemos afetivamente.

Às vezes, o traço projetado é "guardado" por um dos parceiros durante anos e anos. Um exemplo é quando uma pessoa (não raro, a mulher) se sente ansiosa, enquanto a outra (em geral, o homem) simplesmente não sente isso. Talvez as mulheres fiquem mais à vontade com essa sensação e os homens prefiram passar uma imagem impassível, estoica e calma de si mesmos. A mulher se inquieta com os filhos, com a mancha de umidade na parede do quarto e com a saúde de sua mãe, enquanto o homem permanece aparentemente sereno. É comum que os parceiros dividam os sentimentos dessa maneira, para que uma pessoa carregue um sentimento difícil, em nome do bem do casal. Entretanto, meus anos como terapeuta de casais me ensinaram que, muitas vezes, apesar das evidências em contrário, as maiores angústias – aquelas que parecem ser sentidas apenas por um dos parceiros – na verdade são compartilhadas.

* * *

Fazia mais de dez anos que Julian e Kristof estavam juntos. Na primeira sessão, eles me pareceram encantadores e disseram que precisavam de ajuda porque não conseguiam chegar a um acordo quanto a se deviam ou não se tornar pais.

Kristof era bem-vestido, mas usava roupas um pouco jovens demais para ele. Estava na casa dos 40 e em ótima forma, mas tinha um ar cansado e a pele marcada, como se houvesse tomado sol em excesso. Volta e meia ele sorria ou dava uma risada, e então seu rosto se iluminava, momentos em que, de repente, parecia um menino. Esse traço juvenil fez surgir em mim um sentimento maternal, sugestivo de que ele precisava de muito amor e carinho.

Julian, embora oito anos mais novo do que Kristof, era muito mais sóbrio e contido, com o rosto liso e impassível. Sempre vinha de terno azul-marinho e sapatos de couro bem engraxados, e raramente falava se eu não tivesse feito uma pergunta.

Nas primeiras sessões, ficou claro qual era o cerne do problema entre eles: todos os sentimentos e desejos eram de Kristof. Era ele que queria que os dois tivessem filhos, ele que queria mais sexo, ele que queria tirar férias e comprar um sofá novo. Independentemente do que discutissem, era sempre

Kristof que tomava a dianteira, e a Julian sobrava concordar ou fazer uma resistência passiva. Era como se Julian não tivesse vontades nem desejos próprios e estivesse se empenhando ao máximo para ser invisível.

Era muito frustrante trabalhar com isso. Quando oferecia a Kristof minhas ideias e expunha minha compreensão da situação dos dois, ele escutava avidamente, parecendo absorver tudo. Ou, em outros momentos, reformulava meu pensamento e se apropriava dele. Embora isso pudesse acontecer por ele ter discordado da minha ideia, não raro era para começar um diálogo brincalhão e criativo. Em suma, ele parecia estar me deixando ajudá-lo.

Julian reagia de forma bem diferente. Quando eu falava algo que, a meu ver, poderia tocar seu coração, ele parecia ignorar. Não chegava propriamente a rejeitar minhas ideias – só não entrava em contato com elas. Era exasperante. Repetidas vezes, tentei me aproximar de Julian, mas era como se ele fosse impermeável. Ele era sempre educado e me escutava com atenção, mas não demonstrava nenhuma percepção afetiva nem emitia qualquer opinião a respeito dos problemas do casal. Kristof assumia todos eles. Julian dizia estar bem, afirmava que tudo estava tranquilo entre eles. Ambos já tinham aceitado que a pessoa nervosa, ansiosa e carente da relação era Kristof e ponto final. Era comum eu passar sessões inteiras escutando Kristof reclamar e fazer apelos bastante desesperados ao companheiro, enquanto Julian, mesmo não sendo agressivo, ficava sentado em um silêncio inabalável.

A experiência me ensinara que essa situação, que parecia muito polarizada, constituía um problema comum aos casais. Qual seria a razão de Julian e Kristof terem estruturado seu relacionamento dessa maneira? Passei muito tempo sem conseguir entender o que os mantinha juntos. Mas estava interessada no fato de Julian, que parecia tão cordato, mas tão vazio, ser de longe o mais bem-sucedido profissionalmente. Aos 20 anos ele tinha aberto uma empresa de tecnologia e agora empregava quase 100 pessoas. Era um desafio imaginar como aquele homem, que ficava sentado em meu divã de maneira tão inexpressiva, tivera a ousadia e o ímpeto para criar uma empresa de tamanho sucesso. Comecei a notar que, toda vez que falávamos de seu trabalho (embora isso fosse bastante ocasional), ele ficava mais animado. Em mais de uma ocasião, comentei que toda a paixão e a ambição de Julian pareciam estar em seu trabalho, enquanto Kristof era o guardião da paixão e do futuro do relacionamento.

Curiosamente, quando Julian falava de seu trabalho, Kristof assumia um silêncio ressentido, mas depois a conversa tomava o rumo habitual e voltava a fluir para o sentimento de privação e desejo de Kristof. Nada parecia estar mudando, e isso, é claro, começou a me deixar tão frustrada quanto ele.

A questão do "progresso" na terapia psicanalítica é complicada. Na terapia cognitivo-comportamental (TCC), a meta costuma ser o que chamaríamos de "redução dos sintomas". Por exemplo, quando um paciente chega com depressão, uma vez que essa condição é eliminada o tratamento está concluído. Em outras formas de terapia, as "metas" do tratamento são discutidas e acordadas entre paciente e terapeuta, e marca-se um número fixo de sessões para tentar alcançá-las. O tratamento psicanalítico não se parece em nada com isso, e por essa razão algumas pessoas o criticam. O que há de excitante em trabalhar dessa maneira, porém, é a experiência da revelação de algo, do estabelecimento de grandes e novas conexões, da criação ocasional de uma ponte sobre o abismo profundo entre os sentimentos e a compreensão. E, quando o sentimento e o pensamento se unem, isso pode realmente nos ajudar a ter a sensação de que somos inteiros. Muitas pessoas que me procuram estão amedrontadas, embora não necessariamente tenham consciência disso. Compreender o que as amedronta, olhar esse medo de frente e reconhecer as origens dele são processos que afirmam e expandem a vida. Isso nos aproxima de nossa verdade afetiva e promove o crescimento mental.

Mas a terapia de casal é um pouco diferente do tratamento psicanalítico individual, porque é comum os casais chegarem com uma demanda mais específica. Querem parar de brigar; querem ter mais relações sexuais; querem chegar a um consenso sobre onde morar ou como educar os filhos. Eles vêm porque têm esperança de que, fazendo análise, vão se sentir mais felizes ou mais realizados. Ou então vêm porque têm opiniões diferentes sobre se devem continuar juntos ou se separar. Podem aprender inúmeras coisas a respeito de si próprios (às vezes, muito mais do que numa terapia individual), mas em geral continuam a querer resolver determinada questão, e então encerram a terapia, entram no quarto e fecham a porta.

E o que *eu* quero como terapeuta? Fui treinada para não querer muita coisa. O influente psicanalista britânico Wilfred Bion alertava o psicanalista contra o "desejo". O trabalho do analista não é querer certo resultado para um paciente ou mesmo para uma sessão. A tarefa do analista, dizia ele, é apenas estar realmente presente para o paciente, sem todo um conjunto preconcebido de pensamentos ou expectativas. Para desvendar a verdade de uma pessoa, o psicanalista deve estar inteiramente disponível, sem a bagagem da experiência ou dos conhecimentos anteriores. "O psicanalista deve almejar a conquista de um estado mental de tal ordem que, a cada sessão, sinta como se nunca tivesse visto aquele paciente."*

---

* BION, Wilfred. "Notas sobre a memória e o desejo". In: *Cogitações*. Rio de Janeiro: Imago, 1992.

Esse jeito de pensar me ajudou a ser mais paciente. Também ficou claro para mim que o desenvolvimento de uma pessoa se dá no tempo dela e, ainda que eu fomente esse crescimento afetivo com minha presença, meu interesse e minha curiosidade, não posso forçá-lo a acontecer.

Ainda assim, apesar dessa formação, confesso que fiquei muito irritada com esse caso. Kristof me parecia mais fácil do que Julian, mas, à medida que os meses passavam e suas queixas permaneciam iguais, descobri que eu também estava me frustrando com ele.

* * *

Fazia catorze meses que estávamos em terapia quando uma coisa aconteceu. O horário semanal de Julian e Kristof era às quintas-feiras no fim da tarde. Em geral, eles eram meus últimos pacientes da semana, o que, é claro, não tornava minha frustração mais tolerável. No entanto, numa noite de terça-feira, às 18h30, eu estava prestes a dar o trabalho do dia por encerrado quando meu interfone tocou.

Tirei o fone do gancho e ouvi a voz animada de Kristof dizendo, como de hábito:

– Oi, aqui é o Kristof. Chegamos!

Fiquei confusa por um momento. Em que dia da semana estávamos? Que horas eram? Na verdade, eu disse tudo isso em voz alta ao interfone. Ouvi um suspiro do outro lado da linha e, em seguida, a voz de Kristof dizendo a Julian:

– Viemos no dia errado.

– Então... acho que vieram, sim – respondi.

Terminamos rapidamente aquela estranha conversa, com os dois dando risadas nervosas e dizendo que voltariam na quinta-feira. Fiquei esperando um pouco no consultório, para lhes dar tempo de ir embora, então fui para casa, pensando naquela reviravolta de acontecimentos.

Dois dias depois, na quinta-feira, aguardei o casal com certa expectativa. Imaginei que Julian estaria com vergonha de ter cometido aquele erro, mas duvidei que o demonstrasse, enquanto Kristof expressaria em tom extravagante sua "mortificação" diante do incidente.

Eles me fizeram esperar um bom tempo, e me ocorreu que talvez não fossem aparecer. Mas então, com doze minutos de atraso, a campainha tocou e os dois entraram apressados no consultório.

– Ah, meu Deus! – disse Kristof. – Que idiotas nós fomos!

E se pôs a explicar que na tarde de terça-feira Julian lhe mandara uma mensagem para eles se encontrarem na porta da loja onde normalmente se encontravam para ir caminhando até meu consultório. Kristof, que não havia trabalhado naquele dia, saiu de casa, pegou o metrô e se encontrou com Julian, sem a menor ideia de que aquele era o dia errado. Tudo isso foi relatado com grande hilaridade e gestos histriônicos. Aos poucos, porém, enquanto fazia sua grande encenação, Kristof começou a culpar Julian e a fazê-lo sentir vergonha.

– A questão é que... o Julian mal pode esperar para te ver, Susanna. Toda semana ele me pergunta se vamos vir na quinta-feira, quando isso já está anotado na agenda dele! Não sei por quê, mas ele fala de você o tempo todo! Não é, meu bem? – disse ele, com um risinho zombeteiro.

Como você pode imaginar, fiquei extremamente surpresa com essa informação. Julian, que permanecia sentado ali tão passivamente toda semana, nunca dera o mais remoto indício de qualquer apreço pela terapia e, certamente, tampouco por mim. Tudo nele me fazia achar que estava ali por obediência. Também fiquei intrigada com o fato de Kristof expor Julian daquela maneira. Era algo muito cruel, que me fez pensar em qual sentimento, naquele momento, ele estaria tentando "tirar" de dentro de si e "introduzir" no parceiro. Vergonha? Carência? Um sentimento de humilhação?

– Talvez vocês estejam meio envergonhados – falei – por terem aparecido dois dias antes da hora, mas será que é mesmo humilhante cometer esse tipo de erro? Será que vocês acham que isso revela algum apego a mim e às nossas sessões? Isso os deixa vulneráveis?

Os dois ficaram sérios, assentiram com a cabeça e, aos poucos, começaram a falar de como nossos encontros eram importantes e de quanto ansiavam por eles.

– Nós não estaríamos mais juntos se não fosse a terapia – disse Julian, antes de acrescentar, surpreendentemente: – O Kristof já teria me largado a esta altura.

Fez-se um silêncio que se ampliou entre eles, e Kristof, que parecia confuso e belicoso, retrucou:

– Não sei por que você acha que eu te abandonaria... É muito, muito mais provável que *você* tivesse ido embora.

Fiquei interessada nesse novo desdobramento e me pareceu claro, naquele instante, que eles compartilhavam o medo de que o outro colocasse um ponto final no relacionamento. Kristof já expressara essa preocupação antes, mas Julian não. Estaria havendo uma mudança?

* * *

Passaram-se algumas semanas e a cada sessão eles pareciam se abrir mais. Se antes parecíamos girar em torno das mesmas questões vez após outra, agora novos caminhos de discussão começavam a se abrir. Pouco antes da Páscoa, dei início à sessão lembrando-lhes que eu passaria duas semanas fora. Os dois pareceram desanimados, assentiram com a cabeça, e Julian, num tom profissional, deu um tapinha no celular e disse:

– Eu sei, está na agenda.

Em seguida, nenhum dos dois falou por um bom tempo.

Perguntei:

– Será que vocês vão ficar muito desorientados se houver uma interrupção na terapia neste momento?

Kristof ignorou meu comentário e, dirigindo-se a Julian, disse:

– Acho que precisamos falar com a Susanna sobre o que você disse no sábado.

Julian se remexeu, incomodado, e fuzilou Kristof com os olhos:

– Fique à vontade – retrucou ele.

Diante disso, Kristof começou a relatar que, no fim de semana, eles haviam conversado seriamente sobre separação, porque Julian havia decidido que não queria levar adiante nenhum plano de ter filhos. Nunca. Não queria que as coisas mudassem entre eles; achava que Kristof não seria capaz de lidar com as exigências de um filho e não suportaria passar por todo o processo de tentar encontrar uma barriga de aluguel ou de tentar uma adoção. Não faria isso. Não naquele momento. Nem em qualquer outro.

– Então eu disse para o Julian que, se filhos estão fora de cogitação, não podemos continuar juntos. Simplesmente não queremos as mesmas coisas e não temos futuro.

Um clima sombrio se instalou no consultório. Julian continuou sentado, com o tronco ereto, contemplando o horizonte ao longe, evitando o meu olhar. Kristof ficou de braços cruzados, ombros arriados, correndo os olhos entre mim e Julian.

Durante o restante da sessão, tentei fazer com que eles entrassem em contato mais íntimo com sua tristeza. Falei de como aquela situação lhes parecia desesperançosa e tentei explorar seus sentimentos a respeito de suas diferenças, aparentemente intransponíveis. No entanto, eles não reagiram e permaneceram cada um em sua bolha. Isso me alarmou. Será que romperiam daquela maneira precipitada? De repente, o relacionamento deles, que até então havia parecido tão sólido, mostrou-se muito precário.

Essa instabilidade, com muita frequência, acompanha a mudança. Embora alguns casais progridam com regularidade e outros não façam progresso algum, é comum haver uma espécie de risco no processo de mudanças duradouras. Esse risco pode levar a um rompimento ou até a um colapso; expor as questões e entrar em contato com sentimentos que estiveram reprimidos por muito tempo pode ser perigoso, exigindo que o terapeuta "contenha" cuidadosamente o paciente ao longo desse período de instabilidade e transformação. Estariam Kristof e Julian prestes a romper ou prestes a conseguir dar um passo para a frente?

Falei que uma das coisas mais nocivas que os casais podem fazer é proferir ameaças de romper o relacionamento, e que essas ameaças intensificam o medo do abandono e solapam a segurança básica e a confiança. Perguntei se eles realmente percebiam como esse passo era grande e sugeri que falássemos mais disso na semana seguinte, antes que eles decidissem terminar. Ambos concordaram.

Três dias depois, recebi uma mensagem de Julian, em que ele dizia que Kristof tinha se mudado para outro lugar e pedia para me ver o mais depressa possível. Como fazer esse tipo de pedido me parecia um enorme avanço da parte dele, concordei em recebê-lo no dia seguinte. Quando ele entrou em meu consultório, vi quanto parecia abalado. Ele se sentou no divã, rígido, olhos arregalados e vidrados, e contou feito um robô os acontecimentos que tinham levado à partida do companheiro.

– O Kristof está na casa da Francine, a irmã dele...

Ele deixou a voz morrer e ficamos sentados em silêncio.

Passado algum tempo, pedi a ele que me falasse mais do que havia acontecido depois da última sessão, e ele explicou, com muita dificuldade, que Kristof tinha se zangado com ele e dito que só naquele momento conseguia perceber que havia perdido o seu tempo. Ao contar isso, Julian deu de ombros e esperou que eu fizesse mais perguntas. Manteve-se impassível, como de praxe, apesar dos indícios de que acabara de perder seu parceiro.

– Você tem mesmo certeza de que não quer ter filhos? – perguntei.

Ele se remexeu no divã, incomodado com a minha pergunta.

– Não sei. Na verdade, é só uma sensação de que isso não vai acontecer. Acho que é um risco grande demais. Não consigo nos imaginar enfrentando essa coisa toda. E, para ser sincero, acho que o Kristof não saberia lidar com isso. Acho que nossa situação não é tão boa assim para darmos um passo como esse. Como é que podemos falar em rompimento e, ao mesmo tempo, em ter filhos? Isso me parece ridículo.

Enquanto Julian se atrapalhava para encontrar as palavras, ocorreu-me que esses sentimentos confusos poderiam estar ligados ao fato de eles serem um casal homoafetivo, e me perguntei se eu saberia encontrar um jeito de explorar essa perspectiva com ele.

– Julian, você acha que você e o Kristof seriam bons pais? – indaguei, hesitante.

– Não sei direito, para ser franco.

– Por que não?

– Por causa de uma porção de coisas. Não tenho certeza de que nós somos... feitos para isso.

– Feitos para isso? Por serem gays?

Julian encolheu os ombros, inseguro a respeito do que responder.

– Talvez.

– Será que uma parte de vocês acha que um casal gay não pode constituir família? Que vocês não podem ser bons pais?

– Meus pais com certeza acham que não podemos. Ficariam horrorizados.

Em seguida, começou a falar da família e do tanto que eles desaprovariam. Se os pais mal conseguiam olhar para ele e para Kristof nos olhos, imagina o que fariam se os dois tivessem um filho.

– Parece que o Kristof não entende minha família. As irmãs e a mãe dele são muito diferentes dos meus parentes, elas não são...

– Homofóbicas? – arrisquei.

– Acho que sim – disse Julian, em tom monocórdio. – O Kristof não entende que as coisas são complicadas. Ele *só quer* as coisas e fica muito aborrecido porque eu nem sempre posso dá-las a ele.

– Você está descrevendo como o Kristof fica com raiva e nervoso, mas por que *você* parece tão calmo? – comentei. Ele me lançou um olhar demorado e sério, como se, tal como uma criança, tentasse vencer uma competição para ver quem encarava quem por mais tempo. – Eu me pergunto o que terá acontecido com seus sentimentos, Julian. Você não parece sentir nenhuma raiva ou tristeza, nem mesmo pelo fato de Kristof ter partido.

Nesse ponto, ele baixou a cabeça e começou a chorar. Senti uma onda de compaixão – sentimento que Julian raramente despertava em mim – e comentei como era difícil para ele permitir-se ficar triste. Ele parou de chorar abruptamente e disse, com amargura e raiva:

– De que adianta chorar, porra? Isso não vai trazer o Kristof de volta.

– Talvez traga. Acho que ele levaria um susto se o visse tão aflito. Acho que você nunca demonstrou a ele ou a mim esse tipo de sentimento, não é?

Ele confirmou com a cabeça e, hesitante, começou a falar de como se importava com Kristof, mas detestava sentir isso. Tinha a impressão de que Kristof o havia prendido numa espécie de armadilha e vivia tentando prendê-lo ainda mais.

– E o que você acha que seria essa armadilha? – indaguei. – Será que você tem medo de que ele o abandone se você reconhecer que o deseja e que quer uma vida com ele? Será que, se puder dizer a si mesmo que não se importa de verdade com a relação, você conseguirá manter a ilusão de que não vai se magoar se vocês terminarem? Eu gostaria muito de saber, Julian, o que aconteceu na sua infância que tornou tão difícil para você demonstrar que precisa de outras pessoas.

Aguardei e o observei, torcendo para que, naquele momento, ele falasse mais sobre sua infância. Ele me falara muito pouco do assunto, e ficara tão preso aos fatos que eu ainda tinha uma imagem pouco nítida de sua família. Para que as coisas mudassem entre ele e Kristof, algo precisava ser destrancado. Teríamos que chegar mais perto de compreender por que ele tinha medo de demonstrar seus sentimentos e por que era tão difícil para ele entrar em contato com as próprias necessidades.

– Você sabia que fui para o colégio interno aos 7 anos? – perguntou ele, depois de um tempo.

– Aos 7? Não, não sabia que você era tão pequeno. Pensei que tivesse ido quando era mais velho. Sabe por que o mandaram para lá assim tão novo?

Ele abanou a cabeça.

– Não me lembro, mas a minha mãe não era muito amorosa. Ela sempre diz que eu era agarrado demais. Acho que não suportava isso.

Notei que ele usou a palavra "isso", mas me perguntei se teria pretendido dizer "não *me* suportava".

Julian disse lembrar que sua mãe sempre prometia que subiria para lhe dar um beijo de boa-noite se ele fosse deitar sozinho. Ele ficava sentado no patamar da escada, esperando, esperando, e então, às vezes, quando não aguentava mais esperar, descia para vê-la, e então o pai ria dele, levava-o de volta para cima e batia nele por ter saído da cama.

Eu o imaginei pequeno, ansiando pela presença da mãe. Senti meus olhos marejarem. Como era possível que os pais o tivessem negligenciado de forma tão cruel? Como era possível que esse pai tivesse zombado dele por querer atenção? Mas, enquanto eu ficava carregada de sentimentos, Julian ia contando essa história com frieza, como se ela dissesse respeito a outra pessoa.

– Julian, você parece não conseguir se ligar ao garotinho que está me descrevendo. É como se você tivesse perdido contato com uma parte sua, como se estivesse paralisado. Acho que você evita sentir as coisas: querer, desejar, precisar do Kristof, como se isso fosse perigoso demais. Ter sentimentos apaixonados e amorosos por ele, de algum modo, é... vergonhoso.

Então ele falou de várias humilhações que sofrera na infância, mas talvez o fato mais revelador de todos tenha sido que, toda vez que o pai batia nele – o que acontecia com frequência –, ele fazia xixi nas calças, e o pai ficava ainda mais furioso, dizendo que ele era patético e nojento.

Conforme a sessão prosseguiu, Julian começou a enfrentar seu medo de demonstrar o que sentia por causa dessas experiências infantis. Só sabia, disse ele, que nunca queria depender de ninguém.

Depois que ele foi embora, escrevi um e-mail para os dois, dizendo lamentar que as coisas tivessem se tornado tão difíceis, informando a Kristof que eu havia recebido Julian e que gostaria de vê-los na quinta-feira. Eu me sentia mal por não ter conseguido ajudá-los a lidar com essa crise, mas era possível que Julian e Kristof, que tinham estado presos durante tanto tempo na mesma marcha, agora estivessem no início de um processo de grande mudança. Se essa mudança salvaria ou destruiria seu relacionamento, teríamos que esperar para ver.

O restante da minha semana foi atarefado. Eu estava escrevendo a resenha de um livro e tive uma série de reuniões, além da prática clínica de sempre. Pensei em Julian e Kristof algumas vezes, mas, quando a tarde de quinta-feira chegou, ainda não tinha certeza de que eles viriam. Às 18h30, de repente senti uma onda de enorme decepção. Era assim que terminaria? Eu me senti abandonada e confusa. Aquele casal, que parecera tão apegado, tentaria elaborar os problemas, não tentaria?

À medida que os minutos se arrastavam, comecei a perder a esperança. Olhei para meu celular – nenhuma mensagem. Pensei em mandar um e-mail, e havia acabado de escrever "*Caros Julian e Kristof*" quando a campainha tocou.

Pela primeira vez, Julian foi o primeiro a entrar. Kristof, atrás dele, não exibia sua vivacidade costumeira e entrou arrastando os pés, com bastante relutância e de olhos baixos, como se estivesse entrando na sala da diretora da escola. Julian começou, atipicamente, pedindo desculpas pelo atraso e dando início ao relato sobre os últimos acontecimentos.

– Bem, fiz o que você mandou. Nós nos encontramos ontem à noite e eu disse ao Kristof quanto me importo com ele e quanto gostaria que isso desse certo, como você falou.

Foi impossível não notar que Julian não conseguia assumir seu próprio desejo de convencer Kristof a voltar. Em vez disso, enunciava as palavras de um modo que sugeria que estava simplesmente seguindo minhas ordens, como um bom menino.

Depois desse relato seco, Julian se calou, esperando, como de praxe, que outra pessoa assumisse as rédeas.

Kristof manteve-se impassível e algo em sua presença tinha um ar de mau humor, tanto que comentei que ele parecia relutante em estar ali. Ele admitiu que só tinha vindo porque sabia que eu havia tentado ajudá-los e não queria me decepcionar.

Havia um clima de desolação e eu me senti afundar em meus pensamentos enquanto todos permanecíamos num silêncio lúgubre. Passado algum tempo, levantei os olhos e vi a expressão arrasada no rosto de Julian; havia gotas de suor em sua testa e ele dirigia olhares de relance ansiosos a Kristof, que fitava o chão, de cara amarrada. Julian e eu nos olhamos, mas, em vez de responder ao meu olhar, ele se virou para Kristof.

– Por favor, volte para casa, Kristof. Por que você foi embora? A Susanna acha que você não tinha que ir.

Kristof continuou impassível e, com um sarcasmo ácido, respondeu:

– Bem, vou fazer uma lista para você. Vamos nos separar porque você não quer filhos. Você não quer sexo. Você não quer se mudar. Você não quer tirar férias e nunca quer conversar sobre coisa nenhuma!

Julian começou a lacrimejar.

– Você parece muito seguro do que está dizendo, Kristof – observei. – No entanto, acho que o Julian estava tentando lhe dizer uma coisa diferente.

Julian me interrompeu:

– Não é que eu não queira essas coisas. Não é que eu não ame você. Eu amo. Só que não sei se podemos lidar com esse processo todo... ir até o fim... e temo que você acabe me abandonando, de qualquer jeito.

Kristof sacudiu os ombros, com ar de desdém.

– Não sei se você vai acabar indo embora – continuou Julian. – E se não der certo? Um bebê exige muita coisa. Não sei se nós temos toda essa... você sabe, essa *energia*.

– O quê? Como assim? Eu tenho energia. Estou sempre me doando! Você não vê como eu tenho sido paciente? Não vê há quanto tempo lido com você e com toda a sua enrolação?

– Mas eu acabei de dizer que te amo.

– Porque a Susanna mandou.

– Não, estou falando sério. Só fico com medo de não sermos capazes de cuidar de uma criança. É uma responsabilidade enorme. E, em termos financeiros, ficaria tudo por minha conta. Tenho medo de não conseguir cuidar de uma criança como você quer que eu cuide. – Fez uma pausa. – E de que você não seja capaz de lidar com as necessidades dela.

Perguntei a Julian se essa falta de confiança poderia estar ligada aos sentimentos que ele havia experimentado quando pequeno, quando sua mãe não conseguia suportar a carência dele. Seria essa, talvez, a raiz de seu medo de que Kristof não fosse capaz de suportar a carência de uma criança?

Fez-se silêncio. Não me pareceu que Julian tinha absorvido o que eu havia dito, mas achei que Kristof tinha escutado. Julian estendeu a mão para o parceiro, num gesto simples de esperança. Olhei para aquela mão suspensa no ar, pedindo silenciosamente que Kristof a pegasse. Mas não pegou. Julian recolheu lentamente a mão e começou a chorar. Mesmo assim, o outro não se comoveu.

– É uma reviravolta e tanto, não é, Kristof? – observei. – Todos os desejos carentes que estavam em você agora estão no Julian, mas, por alguma razão, você não consegue responder. Eu me pergunto por que está achando tão difícil fazer isso. Há tempos você vinha pedindo que o Julian lhe mostrasse quanto ama e deseja você.

Esperei que Kristof dissesse alguma coisa, mas ele continuou parado ali, em silêncio, e então prossegui.

– Isso me faz pensar em quando você falou da partida do seu pai. Você disse que sua mãe lhe procurou em busca de consolo, e que foi como se as necessidades dela expulsassem todas as suas para longe. Talvez seja difícil imaginar uma relação em que duas pessoas possam responder igualmente uma à outra, em que as duas possam, de vez em quando, ser carentes e vulneráveis, não é?

Kristof pareceu interessado e fez que sim.

– Então, embora tenha sido terrível o Julian ser tão retraído até hoje, isso acabou protegendo você de sentir o fardo da carência dele. Assim como você se sentia sobrecarregado por sua mãe, concorda?

Para minha surpresa, Kristof não respondeu, mas Julian disse:

– O Kristof sempre tem dificuldade em aceitar as coisas que eu quero.

– Que besteira! – explodiu Kristof. – Eu sempre estive do seu lado.

Julian o fitou, mas Kristof desviou o olhar.

– Você lembra quando fui demitido e fiquei desnorteado?

– Lembro. É claro que lembro. Eu te dei todo apoio.

– Na verdade, você foi muito duro, Kristof. Muito mesmo. Disse para eu me controlar e "ser homem". Deve ter sido naquele momento que desisti de esperar que você realmente se importasse comigo algum dia.

– Quanta besteira! Então você está dizendo que a culpa é minha se você não quer ter um filho?

– Acho que não é isso que o Julian está dizendo, Kristof. Creio que ele está tentando explorar e reconhecer a origem dos próprios problemas dele, mas também está dizendo que você tem seu próprio papel a desempenhar. Para vocês, é difícil reconhecer de verdade que esse é um problema dos dois. Aquele momento de decepção em que você foi demitido, Julian, e achou que o Kristof não soube acolher sua dor, foi quando você finalmente fechou o que já era apenas uma pequena brecha de esperança de que alguém viesse atendê-lo se você chamasse. Não foi isso que aconteceu?

– Foi – concordou Julian. – Parei de ter expectativas para não voltar a me decepcionar, e depois pensei: "Por que eu deveria dizer sim quando *você* quisesse alguma coisa?"

Kristof levantou os olhos e fitou Julian. Senti que uma faísca de esperança estava nascendo. Estávamos no fim da sessão e eu precisava dizer algo que pudesse mantê-los juntos até a semana seguinte.

– Nenhum de vocês é capaz de satisfazer completamente os desejos do outro, mas o relacionamento existe na tentativa. Algumas dessas tentativas de vocês se conectarem e responderem um ao outro vão funcionar, outras não, mas é a persistência em seguir em frente, em continuar a pedir e a estabelecer conexões, que faz o relacionamento crescer, em vez de murchar e morrer.

Eu não sabia o que aconteceria depois. Nunca sei. Será que o casal vai encontrar um caminho ou será que vai cruzar aquela linha misteriosa que marca o início do fim? Por mais anos de experiência que eu tenha, por mais numerosas que tenham sido as horas que passei no consultório, é sempre impossível saber se um casal, ao chegar ao cerne de seus conflitos, vai continuar junto ou vai se separar.

Mas, embora a situação tenha sido delicada por muitas semanas, Julian e Kristof aguentaram a barra. Aos poucos, uma mudança profunda na balança do dar e receber aconteceu. Julian começou a reconhecer as próprias necessidades e os próprios desejos – como se parasse de projetá-los todos em Kristof, que também foi sentindo cada vez menos medo de que Julian desabasse sobre ele, como a mãe fizera quando ele era pequeno. Foi uma transformação gigantesca na dinâmica do casal e uma mudança para longe da identificação projetiva, com cada um sendo mais plenamente si mesmo no relacionamento.

Chamamos esse tipo de fenômeno de "recuperar as projeções", quando os parceiros se reintegram e "assumem" sentimentos que tinham sido negados e empurrados para o outro. Quando os casais começam a fazer esse tipo de mudança, podem descobrir uma nova maneira de estar juntos. No caso de Julian e Kristof, isso permitiu que fossem mais vulneráveis, o que levou a uma intimidade até então evitada.

Mas essa mudança trouxe à tona todo um outro manancial de dificuldade, que, até aquele momento, estivera correndo como um rio subterrâneo – escondido, mas extremamente potente. De forma dolorosa, mas unidos, conseguimos compreender que nenhum dos dois acreditava realmente que era capaz de fazer as coisas funcionarem entre eles. Ambos acreditavam que o fato de serem gays os impedia de terem um relacionamento amoroso de longo prazo. Era como se a homofobia e a estereotipia que tinham vivenciado ao seu redor também estivessem dentro deles, envenenando e solapando sua crença de que pudessem construir algo de bom e duradouro juntos. Expor isso tornou esse medo menos poderoso e, embora tivessem resolvido não discutir a questão espinhosa dos filhos durante um ano, quando os vi pela última vez eles já haviam dado início ao processo de adoção.

Rapunzel joga suas tranças

Era janeiro e o aniversário de meu marido se aproximava. Eu não fazia ideia do que lhe dar de presente e ele não me dava nenhuma sugestão. Notei que tinha posto sobre sua escrivaninha um cartão-postal que havia comprado, exibindo uma gravura em linóleo que vira numa exposição pequena perto de King's Cross. Como ficou claro que ele gostava dela, resolvi ver se conseguiria comprar o original. Aquela água-forte retratava uma mulher curvada e sobrecarregada, puxando um cavalo pela margem de um canal, num dia de inverno. Era uma imagem especialmente simbólica, porque meu marido havia escrito um livro, *The Water Road*, sobre uma viagem pelas vias fluviais do interior da Inglaterra. Por coincidência, nos últimos tempos, também andara estudando como fazer gravuras em linóleo, e aquela imagem em preto e branco ecoava parte de seu próprio trabalho.

Demorei um pouco para encontrar o contato do artista, Chris Slaney, mas, quando consegui, demos início a uma troca de e-mails a respeito de uma possível compra. Contei a Chris por que eu achava que meu marido gostaria da gravura e ele me perguntou o nome dele. Quando disse que ele se chamava Paul Gogarty, Chris mandou imediatamente uma resposta e me informou, empolgado, que tinha lido *The Water Road* no ano anterior e que o livro o havia inspirado a fazer aquela gravura. Fiquei atônita e animada, pois sabia que meu marido gostaria daquela história e que ela tornaria o presente ainda mais significativo. Isso me fez refletir sobre a linha tênue entre a mera coincidência e as ligações inconscientes mais profundas.

No dia seguinte, fui procurada por um paciente em potencial, chamado Jackson. Perguntava se eu poderia recebê-lo com urgência. Estava desesperado – a mulher o havia deixado e a vida parecia muito sombria. Seu e-mail dizia que ele tinha ouvido falar de mim pelo sr. X, que havia me recomendado. Reconheci imediatamente o nome, porque o sr. X era uma personalidade muito conhecida da televisão. Estranhamente, eu nunca o tinha encontrado e não conhecia ninguém que tivesse.

Jackson era muito alto – tão alto que teve de abaixar a cabeça ao cruzar a porta para entrar em meu consultório, na Queen Anne Street. Era magro feito um palito, com um rosto ossudo e aristocrático que era franco e cativante. Eu me senti prontamente receptiva a ele, e sua história logo despertou minha solidariedade. Ele me contou ter convivido com sua mulher, Carla, durante quase vinte anos. Os dois tinham se conhecido na faculdade e casado logo depois da formatura. Ele achava que combinavam bastante e que tinham sido muito felizes, apesar de não terem tido filhos – Carla, segundo ele, achava que a vida que eles tinham juntos já era bem gratificante e recompensadora. Jackson havia respeitado a preferência dela de não ter filhos, mas agora, aos 41 anos, ela de repente havia engravidado de outro homem e o abandonara. Como era compreensível, ele se sentia estarrecido e atordoado com esses acontecimentos.

A história de Jackson não era inédita para mim. Ao longo dos anos, tive diversos pacientes que ficaram arrasados com revelações e acontecimentos que pareciam ter surgido do nada. Havia a mulher cujo marido desaparecera de uma hora para a outra, abandonando-a com os dois filhos adolescentes (ele fora encontrado, muito tempo depois, morando com sua jovem amante na Tailândia) e o caso tristíssimo da mulher cujo marido, sem aviso prévio, tinha se afogado de propósito. Jackson, como essas duas pacientes, não tivera o menor indício do que estava prestes a acontecer. Percebi que se sentia profundamente confuso e revivia o passado de uma forma desesperada para tentar encontrar as pistas que teria deixado escapar.

Logo depois que Jackson me procurou, um colega me perguntou se eu poderia aceitar um encaminhamento. Ele estivera tratando de um casal que agora tinha se separado e queria me encaminhar a mulher, que estava muito aflita com o término do relacionamento. Ela se chamava Grace, e marquei um horário para recebê-la na semana seguinte.

Quando ela chegou, fiquei automaticamente impressionada com sua beleza etérea. Grace apareceu à minha porta como uma ilustração de conto de fadas. Seu cabelo era de um louro cor de mel e estava preso com displicência, de modo que cachos suntuosos emolduravam seu rosto e desciam em cascata sobre os ombros, como as tranças de Rapunzel. Ela estivera casada por apenas oito meses, mas seus sonhos já estavam destroçados. Dylan, o marido, a havia largado, dizendo ter cometido um erro terrível ao se casar com ela.

– Ele disse que ainda me ama, mas que quer ficar com um homem. Ele *diz* que lamenta muito, mas, ao que parece, agora ele é gay. Será que ele não sabia disso nove meses atrás? Só agora ele sabe? E "lamenta" que isso tenha acontecido?!

Ela se criticou duramente e com amargura ao longo da sessão, tal como Jackson tinha feito.

– Como é que eu não sabia disso? Ninguém mais ficou surpreso. Minhas amigas me dizem que sempre souberam, que era óbvio que ele era gay. Será que eu estava me enganando? Por que não consegui ver o que todo o mundo via?

Eu me senti muito receptiva a Grace, que parecia bastante triste e perdida. Ela tinha 34 anos e agora temia nunca mais encontrar ninguém nem ter filhos. Tinha quase certeza de que Dylan havia lhe roubado a possibilidade de ser mãe. Conversamos por uma hora e Grace se foi, concordando em voltar na semana seguinte, no mesmo horário. E então a campainha tocou. Minha sessão seguinte iria começar.

Lá veio Jackson, saltando degraus da escada, e, quando entrou, fiquei surpresa com a semelhança da história dos dois. Ambos tinham sido abandonados e nenhum deles havia previsto isso. Estavam não apenas sofrendo com o término do casamento, mas também humilhados e preocupados com a perda consequente da chance de se tornarem pais. Foi muito estranho. Mais uma coincidência.

Jackson e Grace deram seguimento às suas respectivas terapias. Toda semana, ela saía de meu consultório e, dez minutos depois, Jackson entrava. Durante quase duas horas, eu escutava suas experiências e seus sentimentos e constantemente ficava impressionada com quanto suas histórias ecoavam uma à outra. Comecei a me perguntar se eles teriam afinidade e se encontrariam conforto na companhia um do outro. Fantasiei ao acaso que um dia eles se esbarrariam na escada e, como num filme, estabeleceriam uma conexão de algum modo. Quem sabe poderiam dar um ao outro os filhos que ambos desejavam?

＊

Passados alguns meses, a primavera tinha voltado a Londres. As árvores exibiam aquelas folhas verde-limão particularmente agradáveis e, quando eu caminhava em direção à Queen Anne Street, o ar recendia à nova estação. Quando era quase o meio da manhã, a campainha tocou e Grace chegou, com o cabelo solto em volta do rosto. De algum modo sua pele parecia mais quente, e foi como se algo primaveril também a habitasse.

– Ando querendo contar uma coisa para você. – Fez uma pausa. – Conheci uma pessoa. Em fevereiro. Não sei por que não contei ainda. Para ser sincera, acho que fiquei meio sem jeito. – Fez outra pausa. – Na verdade, não contei para ninguém.

Minha mente disparou. Seria o Jackson? Seria possível que ela estivesse saindo com ele? Eu fora tão capturada pela cadeia de coincidências que, por um momento, minha imaginação correu solta. Mas então a realidade se intrometeu em minhas elucubrações e lembrei que, ainda na semana anterior, Jackson havia lamentado sua dificuldade de conhecer outras pessoas, dizendo que ainda não se sentia atraído por ninguém nem conseguia parar de imaginar que Carla voltaria para ele.

– Por que será que você fica sem jeito com isso, Grace? – perguntei.

– Bem, ele é meio famoso. Você já deve ter ouvido falar dele. E é casado. Logo... – E deixou a fala morrer.

Esperei, sem dizer nada.

Após algum tempo, ela começou a falar, explicando que seu novo namorado tinha dois filhos pequenos. Escutei, bastante cética, enquanto ela me contava quanto ele dizia lamentar ter que arrastá-la para essa situação complicada. Ao que parece, ele tinha plena consciência de que ela ainda estava superando o fim do casamento com Dylan.

– Para dizer a verdade, não sei direito como me sinto a respeito disso tudo. Nem tenho certeza se realmente gosto dele. É claro que fico lisonjeada com a atenção, mas me sinto meio mal pela esposa dele... e pelos filhos.

– Mas talvez meio empolgada também, não? – perguntei, e ela fez que sim.

Com o rosto ligeiramente enrubescido e um leve tom de riso, ela falou que o namorado parecia totalmente paranoico. Tinha muito medo de que os dois fossem vistos juntos e de que os tabloides descobrissem que ele estava tendo um caso. Na semana anterior, ele fora até o apartamento de Grace, no terceiro andar, e insistira, embora fosse dia e fizesse sol, que ela fechasse as persianas, para o caso de haver alguém espiando com uma câmera na mão. Pensando em voz alta, perguntei se o fato de ser tudo tão secreto não era bastante conveniente para ela naquele momento, mas ela protestou, dizendo que não era isso que queria e que sabia ser uma coisa errada.

Comecei a pensar em como era interessante que, mais uma vez, ela parecesse ter encontrado um homem que não podia realmente assumir nenhum compromisso e não estava sendo sincero. E havia também a questão do segredo, que parecia vincular suas experiências. Primeiro fora Dylan, que não tinha revelado quanto estava confuso a respeito de sua orientação sexual, e agora um homem que, por ser casado, precisava manter o relacionamento deles em sigilo. Eu procurava um jeito de começar a explorar isso com Grace quando ela disse, rindo:

– Quer saber quem ele é? Devo lhe contar?

Permaneci calada. Estava curiosa, mas me perguntei por que ela me tentava daquela maneira.

– É o sr. X – disse ela.

Depois dessa revelação, realmente passei o resto da sessão em silêncio. O sr. X! O mesmo sr. X que me recomendara a Jackson. Fiquei confusa e um tanto alarmada. No meu trabalho, a confidencialidade e os limites claros são absolutamente essenciais para proteger meus pacientes e, naquele momento, foi como se alguma coisa estivesse violando esses limites. Como se, de algum modo, o sr. X tivesse entrado em pessoa no meu consultório. De repente, pareceu que *eu* é que estava guardando um segredo. Fiquei pensando nisso depois que Grace saiu. Fiquei abalada com a enorme coincidência de ela e Jackson, cujas sessões comigo eram separadas por meros dez minutos, também estarem subitamente ligados por esse homem. E, dado que era mais uma da série de coincidências, fiquei meio assustada.

Freud e Jung, os grandes pais da psicanálise, eram muito curiosos em relação às coincidências e especularam sobre suas ligações com a paranormalidade. Freud, apesar de sua criação profundamente religiosa, nunca chegou a uma conclusão estável sobre se existia ou não um mundo espiritual e, temendo solapar a base científica da psicanálise, basicamente evitou esse assunto. Jung, por outro lado, desenvolveu um arcabouço teórico que incorporava elementos místicos que iam além do conhecido e do provável. Chamou de sincronicidade o fenômeno da coincidência e o descreveu como uma ligação essencialmente misteriosa entre a psique pessoal e o mundo material, com base no fato de que ambos são formas de energia.

Pessoalmente, prefiro a abordagem mais racionalista de Freud e considero as palavras de Helene Deutsch – uma das primeiras mulheres psicanalistas – muito apropriadas: "As forças ocultas devem ser buscadas nas profundezas da vida psíquica, e a psicanálise se destina a esclarecer esse problema do mesmo modo que esclareceu, anteriormente, outras ocorrências 'misteriosas' na psique humana."*

Por exemplo, uma paciente me procurou dizendo ter medo de ser demoníaca, por causa dos sonhos que tinha. Ela sonhava com corpos enterrados, cujos dentes se transformavam em

---

* DEUTSCH, Helene. *The Therapeutic Process, the Self, and Female Psychology: Collected Psychoanalytic Papers*. Londres: Routledge, 1999.

presas e de cujo peito irrompiam monstros alienígenas. Isso era alarmante para ela e, às vezes, os sonhos eram tão vívidos que alarmavam também a mim. Mas a análise criteriosa desses sonhos revelou que eles eram fantasias infantis, provenientes de uma raiva infantil profundamente recalcada. Com o tempo, compreendemos que o problema, para ela, não era a raiva, e sim a forma como seu núcleo familiar havia exigido que ela, ainda muito pequena, a recalcasse, o que a deixara com um sentimento de culpa e de que não era natural sentir tanta fúria. Naquele momento, a única maneira de poder extravasar essas emoções era por meio de seus sonhos.

Quando Grace chegou, na semana seguinte, eu estava muito menos alarmada. Sim, havia ali uma série de coincidências estranhas, mas, embora Londres seja uma cidade grande, eu sabia por experiência própria que ela também podia ser um mundo pequeno, e por isso concentrei a atenção no significado que aquele romance com um homem casado tinha para Grace e no motivo de ela ter se empolgado com ele. Na sessão, Grace me falou da ligação profunda que sentia ter com o sr. X e disse que, embora a relação dos dois parecesse fadada a terminar, a sensação que tinha era de que o conhecia desde sempre. Foi tagarelando sobre os planos que eles vinham fazendo de passar uma noite fora que ela, enquanto eu escutava em silêncio, passou de empolgada para reflexiva.

– Por que é que todo homem que eu conheço parece ser gay ou casado?

Discutimos acerca de quanto esse caso com o sr. X trazia riscos consideráveis para ela, sobretudo se considerássemos sua rejeição recente por parte do ex-marido, e perguntei a mim mesma por que ela estava aceitando esses riscos de forma tão leviana.

Como se previu, seu romance com o sr. X chegou ao fim

bem depressa. O trabalho dele o levou ao exterior e os dois concordaram que o relacionamento não daria mesmo em nada. Mas meus pensamentos sobre Grace e suas escolhas amorosas começaram a ganhar mais corpo quando, em seguida, ela embarcou numa sequência de relacionamentos que terminavam, todos eles, de uma hora para a outra. Ela começava a sair com alguém, toda empolgada e entusiasmada, mas, em pouquíssimo tempo, achava o sujeito apaixonado demais, ou então ele a largava abruptamente. Também começou a me falar de sua vida amorosa antes do casamento com Dylan. Ao longo dos seus 20 anos, ela evitara envolver-se com quem quer que fosse. Tivera muitos primeiros encontros, mas, de algum modo, ou ela ou a outra pessoa não levavam a coisa adiante. Seu primeiro relacionamento propriamente dito tinha sido com Oscar, um homem mais velho, inteligente e bem-sucedido, que ela havia conhecido numa conferência em Roma. Ele morava em Copenhague e os dois engataram um romance de longa distância, que durou quatro anos. Com o tempo, no entanto, esse relacionamento terminou e, pouco depois, ela descobriu que Oscar se casara e já tinha um filho. Perguntei se algum dia ela e Oscar haviam conversado sobre morar juntos e ela disse que, na verdade, não. Em algumas ocasiões, Oscar dissera, em tom de brincadeira, que eles deviam se casar, mas ela nunca o tinha levado a sério. Agora, porém, ela parecia estar pronta para um compromisso. Falava com frequência de sua idade e que suas amigas estavam firmes com os parceiros e tendo filhos. Grace ia a muitos encontros, e reclamava dos problemas de conhecer alguém pela internet e do fato de todos os homens parecerem idiotas ou maçantes. Na maioria dos casos, ela os descartava logo em seguida, mas, vez ou outra, ficava animada com alguém – e eu notava que esse "alguém" sempre era inadequado ou indisponível.

– As chances estão contra mim – reclamava. – Sou muito azarada.

Mas não era uma questão de sorte e não era por coincidência que Grace vinha tendo dificuldade para entrar num relacionamento sério.

É claro que o acaso e a coincidência têm um papel nas histórias de amor, mas, do meu ponto de vista, esse não é, de modo algum, o fator mais poderoso em ação. A ideia romântica de que duas pessoas estavam fadadas a se encontrar é agradável e sedutora, mas, para ser sincera, bastante improvável. O mito de que, no Dia das Bruxas, com a ajuda de uma escova, uma maçã e uma vela, você verá no espelho a imagem espectral de seu futuro marido não passa, obviamente, de um mito. Entretanto, esses mitos e superstições ligados ao encontro do amor são poderosos e duradouros em todas as culturas. Lembro que, no início da minha adolescência, quando os motoristas de ônibus levavam maquininhas prateadas penduradas no pescoço para cobrar os bilhetes, eu olhava atentamente para as letras e os números daquele pedacinho de papel, à procura de pistas da minha futura vida amorosa. Lembro o quanto desejava conhecer o *meu* destino.

Todavia, embora o destino não escolha nossos parceiros, algo quase tão misterioso quanto entra *de fato* em ação – nosso inconsciente. Parecemos ser atraídos para certas pessoas, com as quais nos conectamos num estalo. Gostamos do cheiro delas, do seu jeito de andar, de rir. Alguma coisa nos atrai e, ainda que elas possam mesmo ser bonitas, gentis e inteligentes, esse algo misterioso vai além dos atributos conhecidos e visíveis.

Há uma teoria, derivada da psicanálise, sobre a razão de um parceiro romântico escolher o outro. É uma teoria que acho não apenas convincente, mas que tem sido confirmada por minha própria experiência clínica. Ela sugere que a forma como somos cuidados, manipulados, amados e alimentados na infância nos molda. Paralelamente a essa experiência direta, também testemunhamos e observamos as relações íntimas que nos cercam. Observamos o amor de nossa mãe e nosso pai, absorvemos a forma como nossos cuidadores se tratam, e essas influências estruturam nossos sentimentos mais profundos a respeito da intimidade. Aprendemos que é seguro confiar em outro ser humano e, quando não é seguro, observamos nossos entes queridos e aprendemos maneiras de nos proteger. Tudo isso pode nos deixar com um problema – que só enfrentamos de fato ao ficarmos mais velhos e ao começarmos a ter nossos próprios relacionamentos amorosos.

Podemos ser populares na escola, ter sucesso no trabalho e ser destaque nos esportes, mas, quando amamos, o problema oriundo da infância repercute. Nós nos sentimos atraídos por pessoas cujas primeiras experiências se ligam às nossas ou as complementam. Somos intensamente atraídos por elas, como se, em algum nível não acessível ao nosso consciente, reconhecêssemos uns aos outros. Nós nos sentimos compreendidos, vistos. Ora, é claro que os neurocientistas e os cientistas sociais enfatizariam razões diferentes para nos apaixonarmos. Diriam que são os feromônios e os hormônios que determinam por quem temos uma queda. Apontariam a biologia evolutiva ou citariam a classe, a posição social ou uma convergência de interesses. E, embora eu tenha certeza de que todas essas coisas são fatores, também estou convencida de que uma parte irresistível da paixão inclui coisas que são profundamente inconscientes.

Jovens namorados ficam deitados na cama, contando sua vida um para o outro e se sentindo estranhamente unidos. Desde a empolgação superficial que sentem quando descobrem que gostam da mesma cor, leem os mesmos autores e preferem os mesmos seriados de TV, até a escuta atenta do que aquela pessoa sente a respeito de sua vida, suas esperanças e sua família, algo simplesmente... tem ressonância. É claro que a atração também é afetada pela aparência, por sotaques, empregos, posição social, etc., mas o que corre em paralelo a todos esses cálculos é aquilo que, na parte mais profunda de nossa mente, sentimos a respeito do envolvimento e do amor. Grace não era azarada no amor; não era por coincidência que continuava a se ligar a homens que a decepcionavam – esses homens simplesmente refletiam a própria incerteza dela a respeito do compromisso, a profunda ambivalência dela quanto a deixar alguém entrar em seu coração.

Certa manhã, ela chegou agitada ao consultório e notei de imediato como estava pálida.

– Meu pai está vindo a Londres. Ele mora em Sydney com a nova esposa há oito anos. Não o vejo desde que se mudou para lá. Ele vem com ela... Vai ser um horror.

Eu tinha ouvido muito pouco sobre sua família, além do fato de que seus pais eram divorciados. Grace parecia muito apegada à mãe, mas sua relação com o pai era distante e desconfortável.

– É bastante tempo sem vê-lo – comentei.

– Ele me convidou para visitá-lo. Várias vezes. Só que nunca tive vontade de ir. Ele está voltando agora porque, ao que parece, a irmã dela está doente.

– A irmã dela? – indaguei. – A irmã da segunda esposa do seu pai?

– Terceira – corrigiu Grace.

Ela começou então a falar mais do divórcio dos pais, que ocorrera quando ela tinha 11 anos e o irmão, 7. Falou disso de um modo que me deu a entender que ela nunca havia pensado no assunto até então, como se isso tivesse estado trancafiado num canto de sua mente desde que havia acontecido. Falou com hesitação, misturando o passado e o presente, e por meio de uma narrativa atrapalhada e confusa. O pai e a mãe, disse ela, pareciam felizes e nunca brigavam, de modo que o divórcio havia sido um choque.

– Não é desde sempre que eu e meu pai somos distantes. Quando eu era pequena, éramos muito unidos. Ele era divertido e brincava comigo e com meu irmão, muito mais do que a mamãe.

– Você tem lembranças da época em que ele foi embora?

– Fiquei arrasada na época. Lembro que me senti enjoada e assustada. Mamãe me dizia para não chorar. Ela sempre dizia que ele era um merda e não merecia lágrima nenhuma.

– Um merda? – indaguei.

– Ele, basicamente, *me* trocou por outra mulher.

Seu lapso freudiano me chamou a atenção. Grace tinha pretendido dizer que ele havia trocado *a mãe* por outra mulher.

– Será que a traição do seu pai à sua mãe não lhe pareceu ser uma traição a você? – perguntei.

– Acho que ele devia ter esses casos o tempo todo. – Grace fez uma pausa, depois falou muito devagar, como se novamente se recordasse das coisas pela primeira vez: – Lembro que meu pai me levava para passear de carro e me deixava lá dentro, no banco. Eu detestava aquilo. Sempre ficava com medo, porque ele demorava muito, muito. Quando voltava, já tinha escurecido. Aí ele me levava a uma loja de brinquedos antes de voltarmos para casa. – Ela franziu o cenho. – Quando fiquei mais velha, ele passou a me levar para comprar roupas. Comprava muitas roupas para mim.

Nesse momento, Grace começou a chorar, mas lutou contra o choro no mesmo instante, segurando as lágrimas até recobrar o controle.

– Na verdade, agora eu o odeio – afirmou. – Ele é um babaca

que só pensa nele. É óbvio que estava trepando com alguém enquanto eu ficava esperando no carro. Nossa, que canalha!

– Você sente muita raiva, Grace. Acho que é como se ele a tivesse traído.

– Ele é só um babaca! – repetiu ela.

– Você expressa muita raiva, mas nenhum sofrimento. É como se tivesse ficado muito amedrontada e confusa com tudo isso, quando era pequena. Será que a raiva a protege desses outros sentimentos?

Grace fez que sim e vi seus olhos tornarem a se encher de lágrimas.

＊＊＊

Nas semanas seguintes, aos poucos começamos a ter uma compreensão maior das dificuldades de Grace com a intimidade e o compromisso. Exploramos os sentimentos contraditórios que havia em seu íntimo e que podiam ser facilmente evocados quando ela começava a se aproximar de um pretendente. O primeiro sentimento era o medo de perder o amor e ser rejeitada, e a fonte desse medo parecia ter a ver com a perda do pai na infância. Ela adorava o pai, mas com frequência sentia, antes mesmo de ele ir embora, que sua ligação com ele era precária. Ele era empolgante e sedutor, mas depois a largava pelo trabalho ou por uma amante, o que queria dizer que Grace nunca se sentia realmente segura.

– Acho que sempre pensei que era um estorvo para ele. Ele brincava com a gente, mas depois parecia ficar irritado comigo e saía. Eu sempre ficava ansiosa com isso. Com medo de que ele me largasse.

Grace me contou que, depois que o pai finalmente saiu de casa, ela raramente o via, embora ele aparecesse de vez em quando, apenas para largá-la de novo, deixando-a desolada.

O segundo sentimento que parecia interferir na formação de um compromisso sério com outro homem era que, apesar do medo de ser abandonada, ela também temia chegar perto demais, e era muito fácil que ela se sentisse sufocada e quisesse seu próprio espaço. Frequentemente ela descrevia isso como "esvaziar-se de gente". Comecei a me perguntar se, inconscientemente, ela se casara com Dylan justamente porque ele era ambivalente a respeito dela; se a ambivalência dele, decorrente de sua homossexualidade, era um eco da dela.

Depois disso, Grace começou a falar muito da mãe e percebi como era intensa a relação das duas. Eu me perguntei se esse seria o outro lado da moeda. Será que essa intensidade com a mãe, que a fazia sentir-se sufocada, era evocada em seus relacionamentos amorosos? Estava claro que esses relacionamentos podiam levá-la facilmente a se sentir claustrofóbica.

Certa manhã, quando nos aproximávamos das férias de agosto, Grace começou a sessão reclamando de seus planos de férias:

– Lembra que eu falei de viajar com minha amiga Chloe e o irmão dela, o Tom? Que alugamos um apartamento em Mykonos?

Confirmei com a cabeça.

– Bem, você não vai acreditar, mas minha mãe alugou um Airbnb praticamente do outro lado da rua. O que é ridículo, porque fica bem no meio da Cidade Velha, e ela vai detestar. Essas são praticamente as primeiras férias de verão que tiro sem ela, em séculos. Não quero ser mesquinha, mas ela não vai gostar de jeito nenhum. Ela detesta lugares quentes e acho que também não vai gostar muito de sair para as baladas! – Sua risada morreu e ela fez uma pausa. – Não posso dizer para ela não ir, ela ficaria muito brava.

Fiquei impressionada de ver como sua mãe era invasiva.

Ela não conseguia enxergar que não seria bem-vinda e que invadir as férias da filha de 35 anos era meio inconveniente? Esse incidente me deu uma imagem mais clara da relação das duas e comecei a perceber por que Grace podia achar que não era apenas o pai que punha as necessidades dele em primeiro lugar. Mas, então, também me perguntei por que ela não era mais assertiva com a mãe. Por que não lhe explicava, delicadamente, que queria ir sozinha? Era como se ela não conseguisse dizer à mãe qualquer coisa que cheirasse a rejeição, ou que pudesse dar margem a uma briga. Isso me fez lembrar como a mãe dela a havia instruído a não chorar porque o pai fora embora e de como, obedientemente, Grace havia reprimido seus sentimentos.

Também comecei a reparar no modo como Grace vinha me tratando. Era quase sempre uma paciente muito solícita, que me perguntava como eu estava no início de cada sessão, apesar de eu nunca responder com mais do que um breve aceno de cabeça. Não que eu me incomodasse com sua pergunta, mas queria que ela entendesse que, na terapia, não é necessário seguir esses protocolos sociais. Ela também parecia apreensiva quando eu lhe respondia com compaixão, quase como se eu é que estivesse sofrendo, e não ela. Se eu aparentasse preocupação, ela se agitava e me garantia estar bem. Pagava sua conta minutos depois de eu enviá-la, literalmente, e ficava sempre de olho no horário da sessão e avisava quando era hora de terminarmos.

Comecei a me dar conta de que talvez ela achasse que, de algum jeito, eu precisava de proteção; em certas ocasiões, parecia até me tratar como se fosse eu a pessoa carente e frágil, e não ela. Reconheci isso como uma transferência – estaria ela recriando comigo o tipo de relação que tinha com a mãe?

Compreender a transferência e a contratransferência é central para meu trabalho e, a rigor, para o trabalho de todos os terapeutas psicanalíticos. A transferência refere-se ao modo como atitudes e sentimentos concernentes a uma relação do passado são recriados na relação entre paciente e terapeuta. Já a contratransferência refere-se aos sentimentos que um paciente pode provocar no terapeuta e ao modo como eles podem estar ligados à reencenação de um padrão de relacionamento que costuma derivar da experiência infantil. No caso de Grace, comecei a ver que os sentimentos ligados à fragilidade de sua mãe vinham sendo "transferidos" para mim, e percebi que ela estava convencida de que era preciso lidar comigo com luvas de pelica. Isso me ajudou muito a ter uma ideia de como era profundo o seu medo de perturbar a mãe.

Uma outra coisa veio então lançar mais luz sobre os acontecimentos infantis que pareciam estar moldando sua vida amorosa atual. À medida que Grace ficou mais curiosa por si mesma, ela quis saber mais sobre sua infância, mas parecia haver muitas coisas de que não conseguia se lembrar. Era quase como se houvesse lacunas que ela não sabia preencher, lacunas que então começaram a preocupá-la. Por fim, ela reuniu coragem para ter uma conversa com a mãe quando as duas foram visitar a tia de Grace no fim de semana, em Norfolk. Era um dia ensolarado, e as três sentaram-se no jardim, tomando licor de frutas e falando do passado. Após uma hora metendo o malho no próprio pai, Grace pediu à mãe que lhe falasse do seu nascimento e, com lágrimas nos olhos, a mãe lhe contou que tinha sido hospitalizada com depressão pós-parto logo depois de ela nascer. E isso tinha tornado a acontecer quando o irmão dela nasceu, dois anos depois.

Seria essa a raiz do protetivismo de Grace em relação à mãe? Visualizei mentalmente uma menina de 2 anos, sentindo uma falta aflitiva da mãe. Imaginei que, à maneira das crianças, ela talvez tivesse intuído a fragilidade materna e ficado muito amedrontada com isso. Será que ela não teria então ficado hipersensível às alterações de humor da mãe? Será que não teria tentado ao máximo impedir que a mãe ficasse triste e fosse embora de novo? Que fardo devia ter sido isso para uma garotinha!

Durante algumas semanas, falamos desses aspectos de sua infância e de como alguns sentimentos que ela nutria pela mãe estavam sendo repetidos comigo. Aos poucos, isso pareceu fazer diferença e percebi que ela estava menos deprimida e mais esperançosa – havia estabelecido algumas ligações importantes com o passado, que lhe permitiram discernir com mais clareza o presente e a fizeram achar que poderia moldar seu futuro de outra maneira.

Estabelecer ligações entre uma coisa e outra é o trabalho cotidiano de um terapeuta psicanalítico. Costurar ideias, comportamentos e acontecimentos aparentemente aleatórios ajuda a dar sentido ao mundo interior do paciente e algum significado ao que é confuso e fragmentado. Estar alerta a essas associações talvez seja o mais próximo de uma apreensão do inconsciente – daquela parte da mente que corre como um rio subterrâneo, mudando tudo aquilo que pensamos, tudo o que fazemos e nossa maneira de amar.

Infelizmente, os pacientes, sobretudo no início do tratamento, às vezes se mostram céticos quanto a essas associações e até desdenham delas abertamente. A ideia de que seu eu consciente não é quem está necessariamente ao volante pode parecer muito assustadora. No entanto, em algum momento da terapia, é comum haver uma mudança de atitude, e é aí que se tornam possíveis verdadeiros avanços. É então que os pacientes trazem suas próprias ideias a respeito de seus sonhos, suas preocupações e seu dia a dia.

Eu me lembro de uma paciente que ficou extremamente angustiada quando o marido de longa data lhe disse que, agora que estava aposentado, queria comprar um apartamento em Londres para poder visitar as galerias de arte e ir ao teatro – prazeres de que havia sentido muita falta desde que mudara para o interior. O casal morava no meio de um parque nacional, cercado de montanhas e lagos, e, embora o marido de minha paciente houvesse falado com frequência de seu desejo de ter uma casa em Londres, eles nunca tomaram nenhuma providência a respeito. Ela passou a semana inteira sem dormir e, apesar da garantia do marido de que ele queria sua companhia nessas viagens, estava convencida de que, na verdade, ele estava anunciando o princípio do fim do casamento deles.

Fiquei intrigada com a força e a profundidade dessa angústia. Ela me pareceu não ter pé nem cabeça, até que, algumas semanas depois, a paciente começou a falar da separação de seus pais e de que esse fato se seguira a uma disputa acalorada e prolongada a respeito da compra de uma casa na França. Seu pai, francês, queria desesperadamente passar parte da aposentadoria na terra natal, mas a mãe, inglesa, bateu o pé e resistiu ferozmente. Seus pais passaram um ano brigando por causa disso, e então se divorciaram abruptamente. De repente, ficou clara a ligação entre essa lembrança da separação dos pais, que ela havia considerado profundamente traumática, e suas preocupações atuais em relação ao próprio relacionamento. E essa ligação, até então inconsciente, ajudou a compreender seu pânico ante a sugestão do marido.

Jackson e Grace, de modo similar, pareciam estar num processo de desenvolvimento, estabelecendo ligações entre o passado e os desafios do presente. Aos poucos Jackson foi deixando de sofrer e então conheceu uma mulher de quem gostava, chamada Veronica. Andara entediado no trabalho por algum tempo e, voltando a se sentir mais confiante, resolveu se candidatar a uma vaga e ficou radiante ao consegui-la. Foi uma promoção e tanto, e ele enfim poderia fazer o que sempre havia desejado. O único problema foi que seu horário passou a ser menos flexível e a sessão das 9h30 deixou de ser viável. Será que eu poderia atendê-lo mais cedo, às 8h30? Respondi que não tinha um horário vago mais cedo, mas, ao longo da sessão, pensei comigo mesma que Grace, por ser freelancer, talvez pudesse vir uma hora mais tarde. Na semana seguinte, perguntei se ela se importaria de trocar para as 9h30 e ela concordou prontamente.

Certa manhã, umas três semanas depois dessa troca, ela entrou no consultório vermelha de raiva:

– Aquele sujeito. Aquele cara que você atende antes de mim. O que costumava vir *depois* de mim. – Deu uma risada desdenhosa. – Qual é o problema dele? Ele sempre me fuzila com os olhos e, agora mesmo, quando eu estava entrando, deu com a porta na minha cara. Foi por causa dele que você me pediu para trocar de horário, não foi?

Levei um susto com isso e não respondi de imediato. Grace ficou sentada ali, de cara amarrada e braços cruzados, em tom de desafio.

– Grace, será que você está achando que pus as necessidades dele em primeiro lugar e tratei você com descaso?

– Bem, foi mais ou menos isso, não é? – Ela fez uma pausa. – Você me fez mudar de horário para que fosse mais conveniente para ele.

– Foi inconveniente para você? – perguntei.

– A questão não é essa. É só que não é justo você causar um inconveniente a *mim* por causa *dele*.

Fiquei surpresa e desconcertada. A Grace sensata e conciliadora havia desaparecido, e no lugar dela estava aquela criança zangada e exigente.

Levou algum tempo para ela se acalmar e para explorarmos seus sentimentos a respeito dessa troca. Ficou claro que eu não tinha verificado por tempo suficiente se ela de fato estava bem com aquela troca; sua tendência a ser cordata e obediente comigo não tinha sido explorada de forma adequada, e agora ela achava que, mais uma vez, suas necessidades tinham sido postas de lado em favor das de outra pessoa.

– Minha mãe sempre se coloca em primeiro lugar. Meu pai é um baita de um narcisista e só faz o que quer... E agora aí está você, fazendo a mesma coisa.

Eu não falei que sua acusação era injusta e irracional: a troca não acontecera por causa de necessidades minhas, mas de Jackson. Compreendi que, naquele momento, ela achava que eu, tal como seus pais, de algum jeito a havia deixado em segundo plano.

Depois disso, Grace passou a começar todas as sessões falando de Jackson – não sabia o nome dele, mas o chamava de "sr. Grandão" –, a chegar antes da hora e a tocar minha campainha, interrompendo a sessão dele, apesar de eu ter pedido a ela, como pedia a todos os meus pacientes, que não chegasse mais de dez minutos antes do horário da sessão.

– Como vai o sr. Grandão, o seu paciente favorito? – dizia, num tom cantarolado de zombaria.

Mas, quando eu tentava explorar sua rivalidade com Jackson, ela descartava o assunto e me dizia que só estava brincando e que nem tudo era sério assim.

Algumas semanas mais tarde, Jackson estava falando sobre seus medos de ir morar com Veronica quando a campainha tocou. Olhei o relógio: eram 9h15. Olhei para Jackson, que disse, bastante irritado:

– Ela não é fácil.

Fiquei furiosa com Grace. Aquilo era intolerável e não podia continuar.

No intervalo de dez minutos entre os dois, eu me recompus e pensei no que iria dizer, depois abri a porta e fiz sinal para Grace entrar. Ela tirou o casaco, de costas para mim, e se sentou, me encarando com ar de desafio.

— Grace — falei, soando mais calma do que estava. — Preciso ser clara. Você *não pode* chegar antes da hora. Já lhe pedi isso, mas, se você continuar a tocar a campainha antes da hora, precisaremos repensar suas sessões. — Ela me lançou um olhar ansioso. — Terei que passá-la para um outro horário — expliquei.

— Mas esse *é* o meu horário. O *outro* horário. — Em seguida, apoiou a cabeça nos joelhos e desatou a chorar.

Depois dessa sessão, Grace parou de chegar antes da hora. Levamos algumas semanas para destrinchar o que vinha acontecendo e, aos poucos, compreendemos que ela estivera me testando, para ver se eu a rejeitaria caso se comportasse mal. Por isso, quando simplesmente "dei um sermão nela", ela se sentiu imensamente aliviada, porque tinha medo de que seu comportamento me levasse a "dispensá-la". Pouco a pouco, também veio à tona que a hostilidade dela em relação a Jackson estava ligada à convicção de que sua mãe sempre havia favorecido o irmão — Grace achou que eu preferia Jackson a ela. Reconheceu o ciúme que tinha sentido do irmão, e isso a levou a estabelecer uma ligação com sentimentos a respeito do nascimento dele esquecidos havia muito tempo, e de como esse evento havia desencadeado outro abandono dela por parte da mãe, para ir ao hospital. Esse medo e essa hostilidade antigos, que estavam profundamente arraigados nela e eram difíceis de alcançar, a tinham feito se ressentir irracionalmente de Jackson, de quem ela nem sequer sabia o nome.

O trabalho continuou. Grace comparecia regularmente às sessões e logo comecei a ouvi-la falar de Marcus, que ela havia conhecido numa viagem de negócios. Os meses se passaram e o relacionamento deles pareceu se desenvolver. Grace falava dos altos e baixos do casal e, em muitas ocasiões, achei que ia romper com ele, mas, aos poucos, Marcus tornou-se parte do seu dia a dia. Rapunzel foi soltando o cabelo e deixando o namorado entrar em sua vida.

* * *

Alguns meses depois, eu tinha acabado de voltar de férias dos Estados Unidos e, por causa da diferença de fuso horário, dormi demais e não ouvi o despertador. Eram 8h31 e eu ia apressada pela Welbeck Street, atrasada para a sessão de Jackson, quando o vi do lado de fora, esperando. Ele acenou para mim e me deu um sorriso caloroso enquanto eu procurava minha chave.

– Tenho uma novidade – disse ele, e desapareceu no banheiro.

Entrei no consultório, ajeitei as almofadas e Jackson não demorou a entrar, tirando o paletó enquanto se aproximava. Abriu um sorriso:

– A Veronica está grávida!

Cinquenta minutos depois, ele se foi e peguei meu telefone para ler a mensagem que Grace mandara: *Estou atrasada. Tive que ir ao médico.*

Passados vinte minutos, a campainha tocou e lá estava Grace, com o rosto corado e transpirando por causa da caminhada.

– Adivinhe só! Estou grávida! – anunciou.

* * *

Freud disse que, provavelmente, não existem acidentes nem coincidências. Embora possamos desconhecer algo num dado nível, em outro, os sentimentos, as ideias, os acontecimentos e as experiências estão sempre sendo transmitidos e assimilados no nível inconsciente. Talvez "saibamos" coisas em muitos níveis diferentes. Às vezes, somos capazes de sabê-las de forma plena e consciente, ao passo que, em outras ocasiões, quando "saber" pode ser muito doloroso, ou quando nossa atenção se volta para outro lugar, nós nos descobrimos num estado de "não saber".

Será que eu estava particularmente alerta durante aquele período de coincidências? Será que notei confluências e simultaneidades que não conseguia enxergar em outros momentos? Ou será que todas aquelas coincidências foram apenas isto: uma conjunção de eventos fortuitos e aleatórios sem qualquer significado, nem místico nem inconsciente?

Bear descobre a Bela e a Fera

Um homem chamado Bear me procurou porque vinha passando por um momento difícil em seu relacionamento. Ele se sentou pesadamente em meu sofá e me fitou com ar sofrido, até que o encorajei a dizer por que tinha me procurado. Pareceu reticente e falou de modo evasivo sobre a esposa e os filhos e sobre seu trabalho em TI, que achava enfadonho, mas que servia para pagar as contas. Sorria torto, quando conseguia sorrir, e tinha mãos marrons enormes e cabelo crespo e rebelde. Era bem atraente, exceto pelo cheiro de tristeza abafada que emanava dele.

Por fim, eu disse:

– Você parece estar com alguma dificuldade de me contar o que o está perturbando.

Ele olhou pela janela e disse:

– Não suporto os suspiros dela.

– Suspiros? – perguntei.

Não sabia se tinha escutado direito.

Ele tornou a se calar e, depois, levantando a cabeça, fez que sim e acrescentou:

– É, ela suspira.

Embora eu o estimulasse várias vezes a me dizer mais, ele pareceu relutante em se abrir, e não ouvi mais nada sobre os suspiros da companheira naquela primeira sessão. No ônibus, voltando para casa, fiquei pensando no que aquilo poderia significar. Os suspiros do meu marido às vezes me afetavam, e eu ficava atenta a esse pequeno sinal dele, um possível indicativo de que ele estava cansado ou, quem sabe, insatisfeito com alguma coisa. Havia momentos em que eu também suspirava, e fiquei pensando que, às vezes, havia um alívio muito gostoso em fazer isso.

Quando Bear voltou, na semana seguinte, ele disse:

– Falei para ela, hoje à tarde, que estava saindo para ver você. Ela estava na cozinha, dando comida para o cachorro. Perguntei se queria vir. Ela nem levantou os olhos. Só suspirou. – Fez uma pausa. – Tive vontade de bater nela. E tenho medo de realmente fazer isso se ela suspirar de novo daquele jeito.

Um calafrio de alarme me perpassou. Eram palpáveis a raiva e o rancor na voz dele, e isso falava mais alto que o medo que ele dizia sentir. Perguntei o que o tinha impedido de bater nela e se já tinha feito isso algum dia. Ele negou com a cabeça e fixou os olhos nos sapatos.

– Nunca bati nela e acho que nunca bateria, mas, às vezes, tenho a impressão de que vou explodir. – Em seguida, pediu desculpas pelo que acabara de dizer e me garantiu que não era perigoso e que eu não precisava me preocupar.

Durante o resto da sessão, ele falou em tom monótono sobre seu trabalho e, de repente, eu me senti cansada e sonolenta. Sentir sonolência é algo extremamente raro para mim; na maioria das vezes, quando meus pacientes falam, fico totalmente presente, atenta a tudo o que eles dizem e alerta para suas expressões e para suas reações ao que eu possa lhes sugerir. Eu os acolho com todo o meu eu e me empenho em me conectar com eles. Assim, quando sinto sono numa sessão, isso deve ser levado a sério, e eu me pergunto o que aquilo significa e se o paciente está me comunicando algo inconscientemente.

Por experiência própria e pela sabedoria de terceiros, aprendi que, às vezes, sentir sono pode ser sinal de que o paciente tem uma quantidade enorme de raiva recalcada e de que a consequência desse recalque é um refreamento geral de seu estilo e sua conduta, reprimindo sua parte mais viva. Em minhas reflexões, é claro que tenho que excluir o óbvio, como a sonolência causada por uma diferença de fuso horário ou por uma noite particularmente ruim, porém nada disso tinha acontecido naquele dia com Bear. Perto do fim da sessão, pensei em como era estranho ele ter começado de forma tão bruta e, no entanto, agora parecer completamente monótono e sem vida.

– Você parece ter medo dos sentimentos violentos que sua esposa lhe provoca e fazer um grande esforço para reprimi-los, em vez de compreender o que os causa – sugeri.

Ele assentiu com a cabeça e contou que o psicólogo que o havia ajudado com a bebida já havia lhe dito isso. Fiquei surpresa, porque ele ainda não havia mencionado ter tido problemas com álcool, mas naquele momento ele me contou que seu hábito de beber tinha fugido de controle depois do nascimento do primeiro filho, e que no ano anterior ele tinha passado seis semanas numa clínica de reabilitação, longe da família. Agora, fazia catorze meses que estava sóbrio.

– Você acha que os suspiros da sua esposa começaram depois que você parou de beber? – perguntei.

Ele fez que sim. A sessão estava terminando e, enquanto ele recolhia lentamente suas coisas e saía de meu consultório, pensei em sua raiva e me perguntei se ele teria usado o álcool para abrandar essa fúria. Será que agora, no relacionamento com sua mulher, estava vindo à tona algo que fora mascarado quando ele bebia?

Na semana seguinte, Bear chegou cedo e ficou sentado pacientemente do lado de fora por vinte minutos, mas, iniciada a sessão, parecia não ter nada a dizer e ficamos em silêncio por algum tempo. Um pouco depois, seu celular tocou e ele o pegou do sofá, onde o tinha posto ao seu lado. Observei-o ler a mensagem, antes de olhar novamente para mim.

– Ela está lá fora. Quer entrar. – Ele me fitou, em pânico, e por um momento me perguntei quem diabos estaria do lado de fora. Fiquei com a impressão de que era alguém perigoso, alguém disposto a atacá-lo. E então me ocorreu: era sua esposa.

– O que devo dizer? – perguntou, com os olhos arregalados e alarmados.

– Você quer que ela entre? – retruquei.

– Não conte a ela o que falei para você – pediu ele, em tom feroz, levantando-se do divã. – Vou descer para falar com ela. – E saiu.

Esperei no consultório, pensando no que aconteceria a seguir. Imaginei a mulher dele irrompendo sala adentro e exigindo saber o que estava acontecendo. O modo como Bear havia reagido à mensagem me fizera achar que ela devia ser assustadora. Passado algum tempo, ouvi vozes do lado de fora e passos na escada. Minha porta se abriu e Bear reapareceu, seguido por uma mulher miúda e franzina, de belos olhos castanhos e cabelo castanho encaracolado, que me deu um sorriso nervoso ao sentar. Ela usava um vestido verde longo, salpicado de florezinhas brancas, e notei seus delicados pés marrons e a correntinha de ouro que ela usava em um dos tornozelos.

– Sinto muito por aparecer assim, sem mais nem menos. Eu me senti mal por não ter vindo semana passada, quando o Bear pediu. – Fez uma pausa, balançou os cachos e me olhou com ar inquisitivo: – Mas é óbvio que, se não estiver tudo bem, posso ir embora agora. – Olhou de mim para Bear, com a cabeça inclinada de lado, aguardando ansiosa um sinal de que era bem-vinda. Parecia muito dócil; muito diferente do que eu havia esperado.

Conversamos um pouco sobre o que queriam – será que ambos queriam fazer terapia de casal e Bear ficava à vontade com a presença dela na sessão? Falei que achava que eles precisavam ir para casa e pensar no que era melhor. Depois poderiam me informar da decisão e veríamos como proceder.

Ela apertou minha mão na saída e se desculpou de novo por ter aparecido sem aviso. Fiquei me perguntando se voltaria a vê-la.

Três dias depois, Bear me mandou um e-mail dizendo que Saffron não viria – ela achava que ele devia continuar comigo sozinho.

Na sessão seguinte, tive uma grande surpresa. Bear parecia diferente: usava uma calça de ioga verde-escura, parecendo de repente muito menos convencional.

– Peço muitas desculpas pela semana passada – começou. – Achei que queria que ela viesse e depois concluí que não queria. Ela não pode saber o que eu disse sobre os suspiros. Ficaria brava, furiosa, doida até, se soubesse o que falei.

Notei como ele parecia acanhado. Será que tinha medo de que Saffron ficasse magoada, ou com raiva?

– Você fala na Saffron como se tivesse muito medo dela, ou talvez de aborrecê-la, estou certa? É como se ela fosse entrar em colapso ou explodir se você dissesse qualquer coisa negativa ou crítica sobre ela.

Enquanto eu falava, vi que havia uma disparidade entre a maneira como Bear via Saffron e a impressão que ela me causara. Eu não conseguia conciliar muito bem a pessoa que estivera na sessão da semana anterior – que não parecia frágil nem feroz – com o terror que Bear expressava. Também não me parecia que ele tivesse contado algo sobre a mulher que pudesse justificar sua preocupação ansiosa. Alguma coisa não se encaixava.

Há muitos momentos na terapia de casal em que o terapeuta se vê diante de uma disparidade entre a maneira como um parceiro vê o outro e o que eles de fato são na realidade. Eu me lembro de um casal em que a mulher, Yolande, elegante e bem-sucedida, na casa dos 50 anos, me procurou no começo de um verão. Seu marido era das Forças Armadas e estava em missão no exterior, e concordamos, de modo bastante inusitado, que ela viesse sozinha até que ele regressasse ao Reino Unido em setembro. Ela levava uma vida rica e envolvente e passava grande parte do tempo cuidando de outras pessoas, o que considerava compensador e interessante. No entanto, se sentia muito frustrada com o casamento e, nos poucos meses em que veio me ver sozinha, queixou-se amargamente do marido. À medida que conversávamos, fui formando a imagem de um homem bastante frio e negligente. Yolande chorava ao falar do desinteresse do marido por ela e por sua vida e se enfurecia ao descrever a personalidade autoritária e controladora dele. Falou de como ele a criticava – a comida que preparava, suas roupas e suas companhias – e pintou o retrato de um homem obcecado com o próprio status e com o que o mundo via neles como casal. No fim do verão, eu tinha uma imagem mental muito vívida desse marido, uma imagem que me fazia lembrar Soames, personagem dos romances de *A crônica dos Forsyte*. Frio, cruel, limitado e muito cheio de si. Um homem brutal, uma imagem nada atraente. Assim, foi com certa apreensão que marquei uma entrevista individual com ele antes de darmos início ao trabalho conjunto com o casal.

Setembro chegou e um homem alto, ligeiramente calvo e de postura reta entrou no meu consultório. Deu um sorriso caloroso e começou dizendo que Yolande havia falado muito bem de mim e quanto ele próprio queria vir às sessões. Fiquei surpresa; ali estava alguém completamente diferente do homem que eu havia imaginado. Nada tinha de frio e arrogante; era, ao contrário, gentil e surpreendentemente modesto, se considerássemos sua patente. Yolande via o marido através de uma lente distorcida por seu próprio mundo interior. No entanto, embora aquele homem não fosse o Soames que ela havia pintado, com o tempo pude ver que de fato *havia* nele alguns aspectos que confirmavam a visão de sua esposa. Só que era algo muito mais complexo e cheio de nuances do que a imagem que Yolande tinha do marido. Nem a Bela nem a Fera.

Parecia que essa distorção também estava presente em Bear, que continuava a ver Saffron como uma mulher frágil e assustadora. Discutíamos sobre como ele poderia falar mais diretamente com ela a respeito do que sentia, mas, quando chegava a hora, ele nunca se mostrava capaz, e nada mudava. As semanas foram se passando e, embora ele insistisse em falar nos suspiros da mulher, eu não conseguia entender muito bem aquilo. Por que, eu me perguntava, os suspiros o incomodavam tanto? Percebi que, muitas vezes, ele se irritava com Saffron em silêncio, e era comum conversarmos sobre essa sua raiva. Aos poucos, ele conseguiu reconhecer os próprios sentimentos infelizes, mas não parou de ficar bravo quando ela suspirava.

Numa terça-feira de manhã, Bear chegou com ar exausto, e sua cabeleira, normalmente encaracolada e revolta, parecia tão abatida e murcha quanto ele. Contou que havia passado a noite inteira em claro, preocupado, porque Saffron tinha brigado com ele.

– Começou porque me esqueci de comprar pão na volta do trabalho. Ela disse que eu não a escutava e não tinha consideração. E ainda por cima falou tudo isso na frente das crianças.

Fez uma breve pausa e me olhou, acho que esperando

solidariedade, e em seguida continuou desfiando seu rosário de infortúnios: Saffron era injusta com ele; Saffron era má; Saffron nunca dizia obrigada; Saffron nunca parecia se importar com o bem-estar dele. Enquanto escutava, pensei comigo mesma que os comentários dela, na verdade, haviam soado bastante brandos.

– É comum você achar que a Saffron está furiosa com você, Bear. Por que será?

– Ela não me perdoou.

– Perdoou pelo quê?

– Por ter perdido o parto do Arlo.

Com grande vergonha, ele então me contou que, quando o segundo filho nasceu, ele estava num pub, bebendo depois do trabalho. Saffron ligou para ele para dizer que achava que estava entrando em trabalho de parto, mas, por alguma razão, ele não saiu do pub e, quando enfim chegou em casa, ela já tinha ido sozinha para o hospital. Quando ele chegou à enfermaria da maternidade, a parteira o mandou de volta para casa porque ele estava bêbado demais. Depois de Bear me dizer isso, ficamos calados e aguardei que ele falasse mais.

– A Saffron não falou comigo quando voltou com o bebê. Não queria nem me deixar segurá-lo – contou, com a voz embargada. – Quando o Arlo estava com uma semana, fui conversar com a médica e ela tomou todas as providências para que eu entrasse na reabilitação. A mãe da Saffron se mudou lá para casa enquanto eu estava em tratamento.

– E como foi quando você voltou para casa?

Bear encolheu os ombros:

– Nunca chegamos a conversar sobre isso.

Essa confissão me fez ver com muito mais clareza a situação deles. Fiquei imaginando que ela deve ter se sentido muito decepcionada, e como se tivesse sido traída. Tamanha negligência, a ponto de o parceiro não se fazer presente no nascimento do próprio filho, era algo que devia ter provocado sentimentos dos quais era difícil alguém se recuperar.

– Será que os suspiros dela não são um jeito de expressar quanto ela ainda está brava, Bear? – sugeri. – Toda vez que ela suspira, acho que você a escuta dando um sermão pelo que você fez. Ela suspira e você se sente muito mal e com muita culpa, e aí a detesta por isso. – Bear assumiu um ar infeliz e fez que sim. – Vocês dois parecem ter dificuldade de enfrentar os próprios sentimentos, ou talvez até de saber quais são. E nenhum de vocês foi capaz de conversar com o outro para resolver as coisas. Antigamente, você lidava com sua dor emocional se anestesiando com álcool, e pode ser que a Saffron só consiga expressar seus sentimentos suspirando.

– Eu só queria que ela fosse feliz. Queria poder *fazê-la* feliz. Antes, eu fazia. Se não posso fazê-la feliz, de que adianta? De que serve qualquer coisa? – reagiu Bear, entristecido.

Aparentemente, a respiração pesada, as bufadas e os suspiros eram a única liguagem de Bear e Saffron, e Bear ficava hiperatento a essas "pistas", sempre com as antenas sintonizadas nessas "acusações" quase silenciosas.

Algumas sessões depois, ele começou a dizer que se sentia um pouco melhor. Falou de quanto o clima afetava seu ânimo e de como tinha gostado de vir andando até meu consultório pelo Regent's Park.

– Junho está eclodindo por toda parte! – disse ele, e riu.

Comentei que achava que ele também parecia estar florescendo naquele dia.

Em seguida, com ar pensativo, ele começou a falar de como gostaria de ser mais espontâneo e livre.

– Espontâneo e livre? – repeti, torcendo para que ele falasse mais sobre o que queria dizer.

Bear encolheu os ombros e notei que juntou as mãos e as colocou sobre a virilha, de um jeito protetor.

– A espontaneidade que você deseja tem alguma coisa a ver com questões sexuais? – perguntei.

Ele fez que sim e falou que ele e Saffron haviam acordado cedo naquele dia e transado. Era a primeira vez que faziam amor em muito tempo. Aos poucos, Bear me explicou que, na época em que bebia, a vida sexual dos dois tinha "ido por água abaixo". Na maior parte do tempo, ele estava bêbado demais para transar à noite, e de manhã Saffron levantava cedo, antes dele. Na volta da reabilitação, eles tinham transado muitas vezes, mas não tinha dado muito certo e por isso tinham parado.

– O que foi que não deu muito certo, Bear? – perguntei.

Ele inflou as bochechas e pareceu muito constrangido, mas, após alguns segundos, contou que Saffron tinha deixado de gostar da coisa. Não ficava mais excitada e ele não conseguia fazê-la gozar, por mais que tentasse.

– Hoje de manhã, ela gozou, pareceu ter gostado mesmo... Achei que as crianças iam escutá-la, de tanto barulho que ela fez.

– Ela suspirou? – perguntei, com um sorriso.

– É, suspirou! Suspirou *muito*! – E riu.

Depois disso, falamos de quanto sua sensação de ser bom dependia de fazer Saffron feliz e de como, antes de ela engravidar, sempre que alguma coisa ia mal entre os dois, ele conseguia fazê-la feliz na cama. Era assim que faziam as pazes – sem palavras, com o corpo.

Após aquela sessão, os suspiros de Saffron já não deixavam Bear com tanta raiva. As coisas melhoraram e começamos a falar da ideia frágil que ele fazia da própria bondade – de sua insegurança em relação a ser um homem bom ou uma fera egoísta.

As pessoas repetem padrões. Padrões de relacionamento aprendidos no colo da mãe ou do pai. A partir do trabalho que fizemos juntos, compreendi que os pais de Bear não tinham sido felizes juntos. O pai era um homem raivoso, distante e frio, e a mãe em geral parecia triste e decepcionada. Bear tinha sido hiperatento aos estados de humor da mãe; era ela quem determinava o clima da casa. Muito de vez em quando, fazia aparecer o sol, mas, na maior parte do tempo, fazia surgir nuvens escuras. A imagem mais forte que ele tinha da mãe era de quando ela ficava no quarto, assistindo a uma TV em miniatura que colocava no colo, em cima de uma bandeja. Ele batia de leve à porta, entrava e se empoleirava com cuidado na beirada da cama, só para ficar perto da mãe. Lembrou da colcha de chenile azul e de ficar futucando as fibras com o dedo, entediado, sozinho e com medo de que a mãe o mandasse embora por ele estar incomodando. Bear cresceu com a ideia fixa de que não era uma pessoa legal, de que não deixava a mãe animada nem a agradava. No fundo, pensava em si como um fardo e temia ser *ele* a causa da tristeza dela, ser *ele* a pessoa que a desapontava. Agora, vivia com medo de decepcionar Saffron. Tal como havia monitorado o humor da mãe, ele vigiava Saffron, procurando identificar aquelas nuvens escuras. Quando Saffron estava contente, quando ele conseguia fazê-la suspirar de prazer, Bear se sentia como um príncipe entre os homens, feliz e orgulhoso. Sem essa garantia, ele se sentia um bicho feroz, raivoso, perigoso e mau.

PARTE DOIS

Traição

É claro que te ferirei. É claro que me ferirás. É claro que feriremos um ao outro. Mas esta é a própria condição da existência. Vir a ser primavera significa aceitar o risco do inverno. Vir a ser presença significa aceitar o risco da ausência.

— ANTOINE DE SAINT-EXUPÉRY, *Manon Ballerina*

O que é traição? Ela quase sempre envolve mentiras, e sempre envolve o egoísmo. O traidor põe seus próprios interesses, desejos e necessidades em primeiro lugar, enquanto a pessoa amada acredita que ele não faria isso. Ser uma pessoa adúltera ou traidora ainda é, em muitos lugares do mundo, uma coisa perigosíssima, embora, pelo menos no Ocidente, nenhuma das duas características acarrete consequências graves. Não haverá mãos decepadas nem olhos arrancados, nem tampouco exílio compulsório. Apesar disso, condenamos os adúlteros – nós os insultamos na imprensa e mandamos flores e votos carinhosos a quem foi chifrado. Mas imagine se pudéssemos entrar na cabeça deles e compreender melhor a "vítima" e o "criminoso".

A primeira traição talvez surja, como sugeriu Freud, ao nos confrontarmos com o relacionamento de nossos pais. A descoberta devastadora de que nosso querido pai ou nossa querida mãe ama outra pessoa nos deixa incomodados com esse triângulo amoroso e, inconscientemente, muitos deixamos os sentimentos não resolvidos dessa primeira traição influenciarem nossa vida amorosa.

Será que, ao descumprirmos nossas promessas, ao rompermos os laços de amor e confiança, rompemos inconscientemente, em nossa cabeça, o vínculo amoroso entre nossos pais?

Será que, quando uma mulher dá início a um caso de amor com um homem casado, ela está se vingando da mãe, por ela ter sido aquela a quem o pai escolheu? Será que, quando um homem arranja uma amante, isso é uma vitória sobre o pai que lhe roubou sua preciosa mãe?

A traição não tem a ver apenas com sexo; há muitas formas de desonestidade nos relacionamentos e todas elas desgastam a cola que liga nossos relacionamentos mais íntimos e significativos.

Kamal descobre quem esteve dormindo em sua cama

– Você só pode estar brincando, porra! Não pode ser... Não pode ser! – explodiu Kamal.

Cecily permaneceu sentada, as lágrimas rolando pelo rosto e o peito arfando com sentimentos não ditos. Kamal ameaçou ir embora.

– Não vou ficar aqui para continuar escutando isso. Desculpe, Susanna.

Ele se levantou e caminhou em direção à porta. Hesitou, virou-se outra vez para Cecily e disse, com ar pesaroso:

– Você quer que eu vá embora? Quer?

Ela me olhou, depois olhou para ele e disse, numa vozinha fina:

– Não. Não.

Então era isso. De certo modo, fazia semanas que eu sabia. Havia rabiscado várias vezes em meu caderno de notas: "Cecily – caso amoroso?" E agora a coisa vinha à tona. Bem, mais ou menos. Havia uma sensação de alívio. Talvez agora o trabalho pudesse começar e pudéssemos parar com a enrolação. Não é que Cecily tivesse me dito alguma coisa, mas tudo o que ela dizia a seu respeito e a respeito da vida em comum do casal gritava CASO EXTRACONJUGAL! CASO EXTRACONJUGAL! CASO EXTRACONJUGAL! Eu queria entender como Kamal havia demorado tanto para sacar. Ou até para perguntar por que ultimamente ela sempre trabalhava até tarde, e por que tinha uma necessidade constante de dar telefonemas nos fins de semana. Ele estaria tentando se enganar?, pensei comigo mesma. Será que Kamal agia de forma proposital para não saber? Ou, quem sabe, essa incapacidade de perceber tinha raízes inconscientes mais profundas.

Fazia vários meses que eles vinham às sessões, por causa de Cecily. Ela dizia ter medo de que as coisas tivessem ficado meio insossas entre os dois e falava que, se eles não fizessem alguma coisa, acabariam como os pais deles. O cabelo de Cecily era bem curto, cortado rente ao couro cabeludo e pintado de loiro. Em uma das narinas havia um piercing incrustado com um diamante minúsculo, e ela era miúda e curvilínea. Ela me lembrava Rihanna e tinha o mesmo brilho e sensualidade da cantora, embora, na realidade, não fosse nem de longe tão glamorosa, pois fazia pouco tempo que tinha sido eleita para um cargo político local nos confins da zona leste de Londres. Kamal também chamava atenção. Sempre vestido de preto, tinha cabelo comprido e liso, que começava a mostrar os primeiros fios grisalhos e que ele usava preso na nuca, num coque baixo. Havia em ambos algo de frio e intelectual – e eles também eram meio frios na terapia.

Na primeira sessão, Kamal pareceu pouco interessado em mim ou no processo e, quando lhes perguntei por que tinham me procurado, respondeu que era por causa de Cecily. Ele achava que os dois estavam bem e, na verdade, não levava fé em falar com uma estranha sobre seu relacionamento. Em seguida, me encheu de perguntas sobre minha experiência, minhas qualificações e meus honorários. Eles teriam direito a algum desconto por serem pais de três filhos? Indaguei sobre sua situação financeira; eu não queria ser rígida se eles realmente não pudessem pagar, mas logo ficou claro que ambos tinham uma renda razoável, de modo que, em vez disso, voltei minha atenção para a ambivalência dele a respeito de comparecer à sessão. Não cheguei muito longe. Kamal foi brusco, insistiu na história de que estava ali só porque Cecily tinha lhe pedido e, se era isso que ela queria, ele achava que podia topar.

Passados uns vinte minutos, a hostilidade de Kamal tinha desaparecido, sendo substituída por uma fachada encantadora, mas meio fria. Não demorei a perceber que a ambivalência quanto à busca da terapia era, na verdade, compartilhada por ambos. Levamos séculos para chegarmos a um acordo quanto ao horário da sessão, porque Cecily era muito ocupada. Perguntou se eu poderia atendê-los às sete da manhã. Ou quem sabe às dez da noite? Que tal nas manhãs de sábado ou tardes de domingo? Ficou claro que seria difícil conseguir o comprometimento dos dois com uma terapia de casal.

Quando, várias semanas depois, eles enfim deram início à terapia, pareciam não saber do que falar. Era comum Kamal ficar calado, interessado apenas em ouvir o que Cecily tinha a dizer. Quando ela falava, era de uma forma indireta e pouco específica sobre como era infeliz. Eu sentia uma espécie de impaciência com tanta perda de tempo; aquela fala indecisa e evasiva era frustrante. A indiferença de Kamal, com seu leve ar de superioridade, e a estranha ambiguidade de Cecily tornaram difícil para mim ver isso como uma defesa e perceber que, por trás da pose, os dois deviam estar com muito medo do que poderia acontecer se realmente começassem a falar.

A infelicidade de Cecily parecia decorrer do desinteresse de Kamal em transar, mas essa questão era apenas mencionada de passagem, ou então de brincadeira, e por isso nunca explorávamos o assunto com profundidade. Em certas sessões, eles falavam em tom formal sobre os filhos, que tinham 4, 3 e 2 anos, mas nem mesmo essas conversas pareciam evoluir. As coisas que eu dizia soavam maçantes e banais, como se eu tivesse tirado meus comentários de algum manual muito básico de "Como fazer o casamento dar certo". Eles não me deixavam entrar e por isso eu não tinha nada significativo a dizer.

As semanas se passaram e tudo o que ouvi foram mais e mais falas sobre o trabalho de Cecily. Kamal buscava as crianças na creche. Kamal preparava o lanche delas. Kamal as punha na cama e, depois, quando Cecily chegava em casa, muitas vezes ligeiramente embriagada, ela os acordava para fazer um pouco de carinho. Na verdade, eu fui ficando cada vez mais crítica a respeito de Cecily. Mas Kamal ainda parecia decidido a evitar qualquer confronto. Apenas dizia, em tom manso, achar que Billy, o menino de 4 anos, gostaria de vê-la mais vezes. E então eu ouvia que Kamal tinha passado o fim de semana sozinho com os filhos e Cecily tinha ido a uma conferência.

Ela acabou falando do caso extraconjugal na sessão logo antes do feriado da Páscoa. A revelação veio porque Kamal queria que ela o acompanhasse numa visita aos seus pais na Turquia, à que Cecily vinha resistindo.

– Tenho que trabalhar. Você sabe disso. Preciso passar o feriado angariando votos. Não posso ficar a semana inteira fora do país. Leve *você* as crianças e eu pego um voo para lá depois do fim de semana da Páscoa, se puder.

Essa fala se instalou no consultório como um claro desafio. Na semana anterior, Kamal tinha dito que queria muito passar algum tempo com ela, e Cecily havia prometido pôr as crianças em primeiro lugar – mas ali estava ela, dando para trás. Fiquei muito irritada com ela; aquilo parecia uma grande provocação.

Kamal pareceu derrotado. Depois se recompôs, virou-se para olhá-la e perguntou:

– Você está mentindo para mim, Cecily? Não minta para mim.

Ela o olhou com ar de pânico. Em seguida, olhou para mim.

– Acho que ele quer que você seja sincera, Cecily.

Quando falei, eu soube que ela sabia que eu sabia.

Cecily assentiu com a cabeça. Uma expressão de terror se espalhou pelo seu rosto:

– Eu sinto muito mesmo. – E, após uma longa pausa, continuou: – Você sabe, não é? Você sabe que tenho saído com outra pessoa, não sabe?

Kamal colocou a cabeça entre as mãos. Era como se tentasse barrar o que a esposa lhe dizia. Cecily estava agitada e chorando:

– Desculpe... Desculpe.

Observei em silêncio, hipnotizada.

– Com quem? – perguntou Kamal, em um tom ríspido e enraivecido.

Fez-se silêncio e, então, numa vozinha fina, quase inaudível, ela disse:

– Frankie.

E ele explodiu.

* * *

A explosão e a raiva de Kamal foram uma nuvem passageira; na sessão seguinte, ele parecia estar quase de volta ao seu estilo frio, calmo e controlado. Mas, quando os dois começaram a falar, dessa vez eles me deixaram entrar e me mostraram como as coisas realmente eram. Haviam conversado exaustivamente desde a sessão da semana anterior, ficando acordados até altas horas da madrugada, enfrentando as grandes ondas emocionais e absorvendo tudo um de cada vez, para que pudessem se afundar nas lágrimas. Noite após noite, haviam chegado à conclusão de que tinham que se separar, e depois, a cada manhã, acordavam com o nascer do sol e, desesperados e abatidos, faziam amor e voltavam à estaca zero. Agora que estavam sendo completamente francos um com o outro, tive a sensação de que estavam mais ligados do que nunca.

Sei por experiência própria que uma aventura amorosa pode, às vezes, ser um catalisador de algo muito mais satisfatório, em especial quando os parceiros andaram evitando todos os conflitos em seu relacionamento, o que os levou a algo embotado e morto. É comum não haver sexo em relacionamentos livres de conflitos, mas a descoberta de um caso extraconjugal pode desencadear o desejo e, de repente, relações sexuais apaixonadas passam a acontecer. Por que isso acontece? Parte da razão é que, com a verdade posta na mesa, todas as certezas em relação ao futuro se vão e a transa torna-se um jeito de os parceiros se reafirmarem mutuamente, restabelecendo a ilusão de certo senso de segurança. Mas também já notei que uma aventura amorosa pode fazer os parceiros se verem de outra maneira, e o fato de ficarem subitamente separados e serem desejados por outra pessoa pode trazer uma empolgação e um desejo novos para o relacionamento. O romance de Cecily instigaria entre os dois algo que os deixasse mais próximos, ou seu caso seria um processo transitório, que a conduziria para fora do relacionamento, rumo à separação? Seria uma *in*fidelidade ou uma *ex*fidelidade?

– Não é nada sério, Kam. Você não precisa se sentir ameaçado pela Frankie – alegou Cecily. – Você sabe que eu só precisava saber como é estar com uma mulher. – Naquele momento, compreendi que Frankie não era um homem.

– Mas tinha que ser justamente a Frankie? Não entendo como você pôde fazer isso. Você não conhece aquele princípio básico? Não se caga onde se come.

Ficou claro que ambos eram amigos íntimos de Frankie. Ela era ativista política, morava pertinho do casal e tinha filhos da mesma idade que os deles. O marido a havia abandonado no ano anterior e, desde então, ela estivera na vida do casal todos os dias. Kam levava os filhos de Frankie à creche; Frankie buscava os dele. Os filhos de Frankie dormiam na casa de Kam quando ela queria sair... Sair, como se revelou agora, com Cecily. Enquanto Kam cuidava das crianças, Frankie e Cecily transavam ali pertinho.

À medida que essa história se desenrolava, eu me perguntei como era possível que Kamal estivesse tão calmo. Era uma traição *enorme*, era muito humilhante Cecily ter feito isso com alguém tão importante na vida dos dois. Senti a indignação fervilhar dentro de mim, enquanto Kamal, ainda impassível, se recusava a se indignar. Perto do fim da sessão, ele disse que Cecily devia fazer uma sessão sozinha comigo – ela precisava de ajuda para decidir o que queria fazer. Ele iria a Istambul, como planejado, e as crianças iriam com ele.

∗ ∗ ∗

Cecily parecia mais magra e abatida na sessão da semana seguinte; todo o seu brilho voluptuoso tinha desaparecido. Remexeu na bolsa, pediu desculpas por nada em particular e, com os lenços de papel no colo, em segurança, desatou a chorar.

– O que vou fazer? O que vou fazer, Susanna? Vou ferrar com o Kam, ferrar as crianças, ferrar nossa casa. O que vou fazer? – Assoou ruidosamente o nariz e me olhou como se eu pudesse dar uma resposta. – Eu amo o Kam. Amo a nossa vida juntos. Não sei por que fiz isso. Tentei várias vezes romper com a Frankie, mas... – Sua voz foi morrendo. – Diga-me o que fazer. Por favor.

– É difícil mesmo estar num dilema desses. Dá para ver como você está se sentindo dilacerada – respondi, em tom neutro.

Ela respirou fundo. Olhou para mim e desviou o olhar.

– Será que vou ferrar as crianças?

– Se você for embora? – perguntei.

Ela fez que sim e continuou:

– Não quero que o que *eu* quero as machuque... Como posso conseguir isso?

– Você acha que tem que escolher entre eles ou você? É mesmo drástico assim?

– O Kam vai me odiar. As crianças vão me odiar...

– Será que você não está com medo de quanto você mesma pode se odiar?

– Eu já me odeio, e vou me odiar do qualquer jeito. – E recomeçou a chorar.

Na sequência, Cecily me falou mais de seu relacionamento com Frankie e de como ele fora revelador para ambas. Até então, nenhuma das duas estivera com uma mulher. Na sua opinião, elas realmente se entendiam – em parte porque ambas eram mulheres e porque, tal como Cecily, Frankie era miscigenada e muito engajada na política. As duas estavam profundamente apaixonadas e, conforme ia me contando essas coisas, Cecily deixou transparecer a intensidade do relacionamento delas e o prazer físico que obtinham juntas.

– Sempre gostei de ficar com o Kam, mas não tenho certeza se ele gosta de ficar comigo.

– Você diz sexualmente?

– É. – Ela fez uma pausa. – Nunca foi grande coisa. Ele nunca pareceu muito a fim. Digo, mesmo nessas últimas semanas em que fizemos sexo uma porção de vezes, bem, foi tudo iniciativa minha, não dele.

– Acho que você se sente realmente desejada pela Frankie e *não* desejada pelo Kam.

– Exatamente. É, exatamente. Ela me *deseja*. Acho que ele não. Não de verdade. Acho que nunca me desejou. E, depois que fui eleita, ficou difícil compartilharmos as coisas. A Frankie sabe o que estou fazendo e por quê. O Kam acho que não.

Ficamos em silêncio.

– Ele não consegue gozar – disse Cecily, de repente. – Ele não goza. Nunca consegui fazê-lo gozar. Isso tem anos.

Esperei, pensando nos filhos e em como eles teriam sido gerados. Como se adivinhasse meu pensamento, Cecily disse:

– Fomos a uma clínica. Em Oxford. Fizemos IIU.

– IIU?

– Não lembro o que a sigla significa, mas, basicamente, ele se masturbava num pote e depois injetavam o sêmen em mim. Eles verificavam quando eu estaria fértil. Funcionou todas as vezes, logo de primeira.

Inúmeras perguntas me passaram pela cabeça. Como eles teriam decidido isso? Por que não haviam buscado tratamento para a dificuldade de Kamal e por que ela havia concordado com tudo? E por que, se o sexo sempre tinha sido tão problemático, ela se envolvera com Kamal, para começo de conversa?

– Parece que as coisas não foram satisfatórias para nenhum de vocês.

Ela encolheu os ombros:

– Não sei. Acho que o Kam nunca se incomodou com isso.

Fiquei intrigada e surpresa. Eu sabia que Kamal não era tão interessado em sexo quanto ela, mas ele era dedicado a Cecily. Toda a sua identidade transmitia seu desejo de ser um bom marido e um bom pai, e ele exalava uma confiança muito masculina. Era difícil combinar essa persona com o que Cecily tinha acabado de me contar.

* * *

Não havia lugar para sentar no metrô lotado. De Euston a Camden Town, fui me segurando na barra superior do trem, torcendo para que alguém me cedesse o lugar. Quando eu estava começando a aceitar a ideia de que teria de ir até Highgate em pé, um homem alto, na faixa dos 30 anos, sorriu para mim e, com um sinal, perguntou se eu queria me sentar. Fiz que sim, agradecida, e troquei de lugar com ele, afundando no tecido morno do forro. Aquele gesto galante levou meus pensamentos de volta a Kamal. Estava claro que havia alguma coisa importante acontecendo em torno da identidade sexual dele. Não era a primeira vez que eu deparava com uma situação assim. Se Cecily achava que era lésbica e Kam parecia não gostar de transar com ela, o que isso significava? Teria havido um conluio inconsciente entre os dois, que mantivera a maior parte do sexo fora da programação? Estariam, na verdade, ambos inseguros da própria heterossexualidade e por isso haviam escolhido – inconscientemente – um ao outro?

Compreender e trabalhar com a sexualidade pode ser a parte mais intrigante do meu trabalho e há muito me pergunto por que é assim. Um dos motivos, é claro, está na dificuldade que muitos casais têm de compartilhar detalhes muito íntimos de sua vida, mas também é comum que o desejo sexual e as fantasias que o acompanham fiquem, inevitavelmente, enterrados nas camadas mais profundas do inconsciente, difíceis de alcançar e desvinculados das palavras e da razão. Costumo receber em meu consultório casais com um "sintoma" sexual – aquilo que os impede de ter uma vida sexual satisfatória. Embora alguns desses "sintomas" possam ser relativamente simples, às vezes não são. Maridos fortes e vigorosos sentem nojo do corpo das esposas, mas se excitam com pornografia de idosos; mulheres carinhosas, receptivas e amáveis são incapazes de se excitar e permanecem gélidas e insensíveis ao serem tocadas. Nosso corpo conta uma história, mas traduzir essa história em algo verbal, passível de ser compreendido e compartilhado, pode ser muito difícil.

* * *

Por causa do feriado da Páscoa, quase três semanas se passaram antes que eu voltasse a ver algum deles. Havíamos trocados alguns e-mails e combinado que Kam também teria uma sessão só para ele. Era um belo dia de primavera, então saí para dar uma caminhada rápida sob o sol da tarde. Quando me aproximava do consultório, vi Kamal falando ao celular, profundamente absorto na conversa, pertinho da entrada do prédio. Ele usava um cachecol bordado e colorido e, parado ali ao sol, bronzeado. Não me pareceu abatido nem aflito, mas, antes, saudável e como que desabrochando.

Quinze minutos depois, aquele homem bonito sentou-se no meu divã, agarrado ao celular.

– Desculpe, mas preciso deixar isso ligado – disse, apontando seu iPhone. – Uma coisa urgente no trabalho.

Assenti com a cabeça e pensei com meus botões que ele estava muito descontraído e calmo, além de distante.

– Quando foi que estivemos com você pela última vez? Parece que faz séculos – disse ele, e depois bufou.

Em seguida, falou longamente sobre a visita a Istambul e sobre como as crianças tinham adorado ver os avós. Falou que Cecily não compreendia as obrigações dele para com a família de origem e supôs que talvez os dois não tivessem discutido adequadamente aquelas diferenças culturais, e que de fato deveriam discutir. Falou sobre as crianças serem miscigenadas e disse que seus pais tinham ficado aborrecidos com o fato de elas não serem criadas como bons muçulmanos. Essas eram coisas importantes, sobre as quais não havíamos conversado até então, mas o tom de Kamal era displicente e superficial, de modo que comecei a ter a nítida sensação de que estava sendo barrada. Ele fez com que eu me sentisse uma tola por ter me preocupado com os dois, como se estivessem absolutamente bem e eu não fosse de todo necessária àquela altura, nem para ele nem para o casal. Observei-o enquanto construía aquela persona e entendi que a frieza dele era, muito provavelmente, uma reação à interrupção da terapia e sua maneira de lidar com ela, por isso esperei, receptiva ao que pudesse acontecer depois.

Ele acabou se calando, como se soubesse que estava perdendo tempo. O sol, já baixo no horizonte, batia nos meus olhos, e, quando os espremi para fitá-lo naquela luminosidade, vi que seu rosto estava abatido e que, de repente, ele parecia cansado e triste.

– Creio que deve ser muito difícil para você estar nesta situação, Kam. Sei como é importante você ter a sensação de ter resolvido tudo. Sei que não gosta de se sentir perdido, precisando de ajuda.

Ele me abriu um sorriso caloroso, franzindo os belos olhos castanhos no que parecia ser uma expressão divertida diante do meu comentário.

– Pode ser. Talvez você tenha razão. Mas sei que entende que preciso manter a calma neste momento. A Cecily está uma pilha de nervos, então tenho que lidar com isso, certo? E minha principal preocupação são as crianças. São elas que vão sofrer. Preciso estar do lado delas, concorda?

Não falei nada. Kamal estava em busca de confirmação e eu não podia lhe dar isso.

– A Cecily terminou. Com a Frankie. E vamos nos mudar. Coloquei nossa casa à venda. Concordamos que é melhor mantermos distância... da Frankie – explicou, ao notar a expressão ligeiramente inquisitiva em meu rosto.

Fiquei sem saber o que dizer. Será que aquele plano de ação, que parecia carregado de certeza, era a forma de Kam lidar com algo que, na verdade, era muito incerto? Será que Cecily tinha certeza disso? E Kam? Mas intuí que, se o questionasse diretamente, ele só me repeliria.

– Está me parecendo que vocês tomaram algumas decisões sérias desde a última vez que os vi. Acho que você quer me mostrar que agora tudo foi examinado e decidido.

Houve um momento de hesitação, em que senti que ele ponderava se devia continuar com aquela falsa fachada ou me deixar entrar. Por fim, com um risinho irônico, ele disse:

– Decidido? – E me olhou como se eu tivesse dito algo bem estúpido. – Não, não está "decidido". Muda todos os dias. Na verdade, estou ficando louco. Num minuto, a Cecily está em casa, pondo as crianças para dormir, contando histórias, sendo a mãe modelo, e de repente, bum! Ela some e não a vemos por... – Sua voz desapareceu.

– Deve ser muito duro para você, Kam. Deve dificultar a sua busca para descobrir o que *você* quer, não é?

Ele fez que sim e passamos um tempo calados.

– Ela lhe contou, não foi? – Não era exatamente uma pergunta, de modo que esperei. – Fiquei zangado com ela. Achei que você não precisava saber disso.

Fiquei intrigada. Ele estava falando do caso extraconjugal ou das dificuldades sexuais? Inclinei a cabeça, com uma expressão de incerteza no rosto.

– Das crianças. De como elas foram concebidas – esclareceu ele.

Confirmei com um aceno de cabeça:

– Sim, ela me falou.

Ele tornou a se calar.

– É muito doloroso falar disso? – tentei.

Kamal me lançou um olhar penetrante, como se avaliasse, mais uma vez, se podia confiar em mim. Houve um instante de hesitação e ele começou a falar. Disse que nunca tivera nenhum problema real antes de conhecer Cecily. Tivera muitas namoradas e muitos encontros de uma noite, nos quais em geral o sexo tinha sido bom. Com Cecily, no entanto, era diferente. Na verdade, ele nunca se importara com ninguém antes de conhecê-la; nenhum relacionamento seu durava mais do que alguns meses e, para ser sincero, ele não achava que tinha sido um grande namorado. Nunca fora fiel. Tinha viajado muito, trabalhado no Extremo Oriente, e jamais quisera um relacionamento sério com ninguém. E aí conheceu Cecily. Tinha acabado de voltar de um período trabalhando em Pequim, onde havia ficado muito sozinho. Quando os dois se conheceram, ela não estava bem. Vinha fumando muita maconha e havia acabado de romper com um cara que a tratava mal. E então, uns dois meses depois de eles se conhecerem, a mãe dela teve câncer e morreu. Isso os deixou incrivelmente próximos. Perguntei com delicadeza se tinha sido nessa ocasião que o problema com o sexo havia começado.

– Talvez... bem, sim. Não sei por quê. Mas, sim. Foi mais ou menos nessa época. Quando a mãe dela adoeceu. Foi muito estressante.

– Talvez você tenha achado que estava lá para proteger a Cecily, para cuidar dela, e não para também obter algum benefício, inclusive seu próprio prazer.

– Bem, sempre foi mais ou menos assim. Mas não me importo – apressou-se a me reafirmar.

– Não? Acho que talvez se importe. E talvez a relutância em

ter relações sexuais seja seu modo de "reclamar" de quanto as coisas parecem desiguais e talvez injustas entre vocês, não?

Kamal ficou pensativo. Estávamos passando da hora e foi difícil dizer a ele que tínhamos de interromper, já que a sessão parecia estar apenas começando. Ele se levantou depressa, estampou um sorriso no rosto e saiu de meu consultório sem olhar para trás. Pude ouvi-lo na escada, descendo de propósito dois ou três degraus de cada vez.

Abri o laptop para verificar meus e-mails, mas alguma coisa cutucava minha mente. Em 1986, quando me candidatei a me tornar orientadora de casais, perguntaram qual eu achava que seria meu maior desafio. Não foi difícil responder – eu tinha recém-saído de um engajamento apaixonado com o feminismo e passado anos participando de manifestações pelos direitos das mulheres, comparecendo a conferências e frequentando grupos de conscientização. Eu me preocupava, como disse ao comitê de seleção, com a possibilidade de não saber lidar com os homens: os maridos intimidadores que exigiam sexo e davam ordens às mulheres. No entanto, qualquer que tenha sido a razão, esses homens quase não apareciam em meu consultório. Ao contrário, na maior parte de minha carreira, aconteceu o oposto – mulheres raivosas, cheias de acusações, e homens bastante dóceis, mas desligados e retraídos. E ali estávamos, mais uma vez, com o que parecia ser uma diferença muito clara de poder. Kam, tão cordato e calmo, parecia se curvar a Cecily, exigente e esquentada. Mas será que era assim mesmo?

A forma como o poder é expresso entre os parceiros me parece central para o desenrolar da vida sexual. Quando ambos admitem ter domínios de autoridade nos quais cada um tem poder de "influência" na relação, o sexo costuma ser apenas mais um campo em que essas questões são tratadas. Idealmente, a "liderança" circula e as rédeas da relação se alternam entre os parceiros. Por meio dessa dança, chega-se a uma espécie de igualdade de força em que aquilo que o casal mais valoriza é a troca criativa, que traz novos pensamentos, ideias, projetos e prazeres sexuais. Ao que parece, os problemas na vida sexual surgem quando o relacionamento para de evoluir e se torna rígido e inflexível. Nesse tipo de casamento, os papéis assumidos por cada parceiro se tornam fixos e se perde o vaivém natural do dar e receber, do poder e da vulnerabilidade, da força e da fraqueza.

* * *

Na semana seguinte, quando Cecily e Kam entraram no consultório, pareciam ainda mais reservados que de costume. Cecily estava muito resfriada, com lenços de papel na mão, e Kam parecia menos elegante que o normal. Os dois se entreolharam.

– Comece você – disse Cecily.

E assim ele fez. Começou explicando que Cecily estava deprimida, que as coisas vinham sendo difíceis para ela. Até que o interrompi e disse que ele estava falando dos sentimentos da esposa, e não dos dele.

– Ele sempre faz isso – disse Cecily. – Nunca fala dele. Nunca está na fossa. Nunca fica irritado. Você parece um robô, Kam. Mesmo agora, mesmo com tudo que está acontecendo, você age como se nada estivesse errado. Como se as coisas estivessem simplesmente normais! – Sua voz estava trêmula de dor e frustração.

– Não sei o que você quer que eu diga, Cecily. Nem tudo precisa ser um grande drama. Não sou igual a você. Não me desmancho em lágrimas nem me comporto feito criança quando não consigo o que quero, mas é claro que não estou legal. Não estou legal, porra. Deu pra entender? Hein?

Cecily arregalou os olhos de susto – ali estavam a frustração e a raiva que Kam se esforçava tanto para controlar. Eu começava a compreender melhor o que acontecia entre os dois: o jeito de Cecily expressar a frustração de *ambos*. A forma como ela guardava todos os sentimentos feios, egoístas e carentes dos *dois*: ele havia renegado essas partes suas e se transformado no herói doador para quem estava tudo bem, enquanto ela se debatia no lamaçal dos sentimentos e conflitos, sendo egoísta e se sentindo culpada por isso.

Eles se fuzilaram com os olhos e, pela primeira vez, pude ver ódio neles.

– Acho que vocês estão se sentindo aprisionados. Aprisionados por sentimentos horrorosos e sentindo culpa por esse horror. E com medo, se optarem por se separar, de vocês e as crianças nunca se recuperarem.

Os dois agora pareciam abalados e chorosos – o ódio tinha se evaporado. Os sentimentos deles mudavam muito rápido!

– Não quero magoar você, Kam.

– Eu sei. Eu sei.

Pude sentir a tristeza dos dois; havia verdade nela. Fez-se um segundo de silêncio, a tristeza se evaporou e o ódio tóxico reapareceu.

– Talvez você deva consultar alguém. É óbvio que está com um problema – disse Kam, em tom ríspido.

– Você acha que ser lésbica é um problema? Nossa, Kam, você está parecendo aquela idiota ignorante da sua mãe... – ironizou Cecily.

– É muito difícil quando há tristeza – assinalei.

Kamal me olhou:

– As crianças vão ser muito afetadas? Agora só me importo com elas.

– Depende de como vocês se separarem. Depende de como elaborarem as coisas quando estiverem separados.

Falei das pesquisas e de como os filhos são capazes de se recuperar de divórcios, mas expliquei que o tipo de relação que os pais mantinham, mesmo quando separados, tinha grande impacto. Se eles cooperassem, se evitassem entrar em conflito e culpar um ao outro, provavelmente as crianças lidariam bem com isso. E também disse que ficar juntos não seria necessariamente melhor, se eles estivessem profundamente infelizes e com raiva um do outro.

Passada uma semana, Kam veio sozinho, pois havíamos concordado que seria melhor eles fazerem algumas sessões individuais. Ao entrarmos em meu consultório, ele me entregou uma sacola de juta com o desenho de um obelisco vermelho na frente.

– Para você – disse, apontando-a com a cabeça enquanto tirava o paletó.

Eu o olhei com ar inquisitivo e pus a sacola no chão, junto à porta.

– Cerejas Rainier, as melhores. Nós as importamos. Chegaram hoje mesmo. A temporada é *muuuito* curta. Três semanas, talvez.

Eu sorri. Ele continuou:

– Eu queria dizer obrigado. Acho que estamos muito melhor e acho que sabemos que vamos nos separar. – Fez uma pausa. – Tudo bem. Na próxima semana, vamos vir juntos. Queremos discutir o que dizer às crianças. Espero que tudo bem por você.

– É claro.

– Eu queria falar da minha... ahn... dificuldade. Você sabe. Com o sexo.

Fiz que sim. E, ao baixar a cabeça, vi pelo canto do olho a sacola de juta e a imagem do obelisco vermelho, e nessa hora me ocorreu que ali estava um símbolo muito claro da potência masculina.

– Você disse, naquela sessão em que eu vim sozinho, que achava que meu problema vinha de eu sentir raiva da Cecily, não foi?

Fiz que sim.

– Não sei se é mesmo isso. – Houve uma longa pausa e esperei Kam dizer mais alguma coisa. – Quando eu tinha uns 15 anos, minha mãe me pegou vendo uma fita pornô. – Correu os olhos pela sala, como quem tentasse achar um caminho para fugir.

Hesitante, ele disse a que filme pornô tinha assistido e, embora se esforçasse para ser explícito, compreendi aos poucos que se tratava de um filme de natureza incestuosa, que envolvia um menino e sua irmã mais nova. A mãe dele tinha ficado furiosa e dito que ele era doente, pervertido. Kamal achava que a mãe nunca mais o havia olhado do mesmo jeito depois daquilo. Falamos de quanto ele se sentira envergonhado e ele se perguntou se aquela experiência o teria deixado "esquisito" em matéria de sexo. Era comum, segundo ele, sentir culpa quando não tentava transar com Cecily e muita culpa quando eles transavam.

– Você nunca me falou da sua irmã, Kam – observei, um pouco depois.

– Não. Nós não nos damos bem. Ela voltou para Istambul e mora perto dos meus pais. Na verdade, eu não a vejo nem mesmo quando vamos lá de visita.

Jasmina, disse Kam, era um ano mais nova do que ele e sempre fora a "doentinha" da família, e usava isso para manipular os pais. Vivia se queixando e era uma verdadeira chata, mas os pais lambiam o chão que ela pisava.

– Você tinha que cuidar dela quando vocês eram pequenos? – perguntei.

– Na verdade, não. Minha mãe não confiaria em mim,

porque eu era muito mau com ela. Vivia encrencado por não ser bonzinho o bastante com ela, ou por bater nela ou tirar os brinquedos dela. – Kamal riu. – Ela fazia gato e sapato dos meus pais... Ainda faz.

– Você achava que ela era a preferida deles?

– Porra... com toda certeza! Mamãe vivia me dizendo para ser mais parecido com ela e mais gentil.

Em seguida, disse, envergonhado:

– O filme pornô... Não era ela. A garota do filme não se parecia nem um pouco com a Jasmina.

Passamos um tempo em silêncio, ambos considerando essa associação. Em seguida, falei:

– Eu acho, Kam, que há uma porção de coisas envolvidas nesse seu "sintoma". Tem os seus sentimentos ambivalentes em relação à Cecily, em relação a ter que se curvar muito às necessidades dela, talvez como esperavam que você fizesse com sua irmã. E tem os sentimentos ambivalentes em relação a Cecily e a sua irmã, pois você as ama mas também as odeia em alguns momentos, não é?

Ele confirmou com a cabeça.

– A Cecily e a minha irmã têm muita coisa em comum. Não em termos de aparência, mas, em alguns sentidos, elas são muito... – Procurou as palavras. – Difíceis, mas também frágeis.

– Talvez, ao se sentir atraído sexualmente pela Cecily, que você acredita ser frágil, uma parte sua não saiba dizer ao certo se seus sentimentos sexuais são amorosos ou destrutivos. Se o seu pênis é uma coisa boa ou má. E você me traz cerejas numa sacola com um monumento ereto estampado na frente – acrescentei, sorrindo.

Ele riu e, em seguida, me olhou atentamente.

– Acho que minha mãe pensava que o sexo era uma coisa ruim, especialmente para as mulheres.

– Bem, essa mensagem que você recebeu da sua mãe é poderosa. Quando você não goza dentro da Cecily, será que a está protegendo? Mas talvez, para castigá-la, também esteja retendo alguma coisa dela, não é?

* * *

Eu queria poder dizer a você que, depois dessas sessões, tudo foi solucionado. Mas a psicoterapia não é assim. Para cada passo à frente, é comum haver passos para trás. A terapia avança numa espiral, indo e vindo, reelaborando antigos conflitos e contornando novos desafios. Jung descreveu bem isso: "Mal conseguimos escapar da sensação de que o processo inconsciente se move como uma espiral em torno de um centro, chegando mais perto aos poucos, enquanto as características do centro vão ficando cada vez mais nítidas."*

Cecily e Kam ficaram mais seis meses em terapia, antes de ela sair de casa para ir morar com Frankie. Durante esses meses, ambos choraram muito, mas também foram aos poucos ficando mais gentis um com o outro e mais decididos a garantir juntos que as crianças fossem protegidas ao máximo. Nas últimas sessões, quando cada um veio sozinho, senti que ambos estavam aliviados por aquilo ter chegado ao fim. Cecily parecia mais equilibrada e mais feliz, e Kam contou, com um ligeiro nervosismo, que havia começado a sair com uma mulher com quem trabalhava, uma moça muito mais nova do que ele.

Durante esses seis meses, nunca tive muita certeza de qual seria o resultado. Eles encontrariam um jeito de continuar juntos ou se separariam? Quando os casais beiram a fronteira entre a separação e a permanência na união, isso sempre me

---

* JUNG, Carl. *Collected Works of C.G. Jung*. Londres: Routledge, 1973.

parece profundamente misterioso. Nunca sei quando alguém vai cruzar a linha entre continuar *dentro* do relacionamento, por mais decepcionante que ele seja, ou ir para o outro lado, fora dele. Para mim, isso é ainda mais misterioso que o processo de apaixonar-se e de formar um casal. Às vezes, os casais chegam à beira da separação e recuam, e isso pode acontecer porque houve uma separação psíquica, em vez de uma mudança efetiva de casa, com cada parceiro se tornando mais independente e menos grudado no outro. Às vezes, os casais não chegam propriamente a se separar. Cada um se muda para uma casa nova e ambos conquistam parceiros novos, às vezes até têm mais filhos, porém nunca chegam propriamente a desistir um do outro.

Rhoda come a maçã envenenada

Eu tinha acabado de voltar do feriado de Páscoa quando recebi este e-mail:

Cara Susanna,
Minha filha me disse que preciso de terapia. Achei seu nome na internet. Quanto você cobra por sessão?
Atenciosamente,
Rhoda

Respondi:

Cara Rhoda,
Obrigada pelo contato. Poderíamos nos encontrar para um atendimento no meu consultório, na Queen Anne Street, na próxima quarta-feira às 10h15. Ficaria bom para você? Cobro X por sessão.
Cordialmente,
Susanna

Uma hora depois, recebi uma resposta:

Vou pensar.

Embora seja comum uma indagação evaporar-se sem resultado algum, é incomum um paciente em potencial ser tão direto a respeito de sua ambivalência. Para ser sincera, gostei daquela novidade. Eu me lembro de uma ocasião, anos atrás, em que um colega experiente disse que sempre encontramos o máximo de ambivalência a respeito do início da terapia justamente no instante em que alguém busca o primeiro contato. Nas várias clínicas em que trabalhei, esperava-se que pelo menos um terço dos contatos que recebíamos não evoluísse para tratamento algum.

No entanto, passados alguns dias, recebi o seguinte e-mail:

Pensei no assunto.
Posso lhe encontrar na quarta-feira, às 10h15, como você sugeriu.
Por favor, envie seus dados bancários para que eu possa lhe pagar o valor solicitado. Devo dizer, no entanto, que achei seus honorários muito caros.
Atenciosamente,
Rhoda

Dada a natureza brusca dessa comunicação, foi com certa inquietação (e curiosidade) que, na manhã de quarta-feira, aguardei a chegada de Rhoda. Sorri ao abrir a porta e fiz um gesto para que ela entrasse, uma vez que pareceu hesitar na soleira. Ela não retribuiu o sorriso.

– Onde quer que eu fique? – perguntou. – Devo deitar ali? – E apontou para meu divã.

– Que tal ficar apenas sentada hoje? – sugeri, e ela se sentou, muito sem jeito, na beirada da poltrona, espremendo os olhos para me examinar. Era uma mulher miúda, elegante e atlética, com o cabelo grisalho cortado bem curto. As mãos, que ela cruzou no colo, pareciam fortes e decididas.

Ela se lançou então no que me pareceu um discurso já preparado, em que tratou de me dizer, sem dar margem a muitas dúvidas, que achava improvável que eu pudesse ajudá-la. Só estava ali porque sua filha, Tamar, tinha achado que seria uma boa ideia. Mencionou várias vezes que eu cobrava caro e, num dado momento, chegou a me perguntar diretamente a razão do valor tão alto. Eu lhe disse que esse era meu preço habitual, mas que, se ela estivesse em dificuldades financeiras, poderíamos negociar. Ela abanou a mão num gesto indiferente, e por fim conseguiu me dizer o que a trazia ao meu consultório. Suas preocupações centravam-se numa amiga de infância, Michelle, com quem ela já não mantinha contato. As duas se conheciam desde que eram crianças de colo, pois suas mães tinham sido amigas íntimas. Pelo que Rhoda me contou, ela e Michelle pareciam ter sido inseparáveis durante a maior parte da vida. Entretanto, depois de um desentendimento, Rhoda a havia "cortado" de sua vida. Quando comentei que isso devia ter sido extremamente triste, depois de tanto tempo de amizade, ela deu um risinho desdenhoso.

À medida que a sessão avançou e escavei um pouquinho mais fundo, Rhoda descreveu uma traição imperdoável de Michelle. No entanto, ao falar dos acontecimentos que tinham levado ao fim da amizade, ela foi ficando cada vez mais animada e menos coerente.

– Nunca contei para ninguém em toda a *minha vida* o jeito que *ela* falou comigo. Foi simplesmente grosseiro, grosseiro mesmo, e... – Buscou a palavra exata. – Grosseiro!

Não pude deixar de pensar em como era irônico que a palavra que ela usava para descrever Michelle fosse exatamente a que, na minha opinião, combinava com ela.

A narrativa de Rhoda foi longa e sinuosa, mas acabei tendo uma imagem mais clara do que havia acontecido entre as duas.

Aparentemente, apesar de Michelle ter sido a amiga mais íntima e confidente de Rhoda, a amizade tinha muitos altos e baixos. Ao longo dos anos, elas haviam brigado por causa de um jarro quebrado, de uma viagem de férias que fora combinada e depois cancelada, e tinham passado um ano inteiro sem se falar porque Rhoda havia reclamado do novo cachorro de Michelle. No entanto, quando o marido de Rhoda a deixou, Michelle e ela voltaram a se falar e a ser amigas muito próximas.

– Parece que a Michelle é a pessoa a quem você recorria quando as coisas ficavam realmente difíceis – comentei, com delicadeza.

– Na verdade, não – espinhou-se Rhoda. – Apenas passávamos um tempo juntas. Ela era solteira, e eu fiquei sozinha de repente. Era... conveniente. E também não foi "realmente difícil". Meu marido era um idiota e, quando ele foi embora, foi uma maravilha, para ser franca.

Eu não soube muito bem como reagir àquilo, mas notei o desdém raivoso em sua voz e seu modo muito vigoroso de rechaçar minha tentativa de estabelecer contato com um aspecto mais suave dela.

– O problema da Michelle, como eu estava tentando explicar, é que ela é muito convencional, muito cheia de frescuras... dada a críticas – concluiu Rhoda, e eu olhei de forma inquisitiva para ela, para incentivá-la a continuar. – Ela não aprovava o Nigel.

– Nigel?

– Quando comecei a sair com o Nigel, ela achou que era...
– Deu de ombros. – Errado. Ela não aprova esse tipo de coisa.
– Revirou os olhos e se encostou na poltrona, à espera de que eu falasse.

– E foi por isso que você parou de falar com ela?

Rhoda explicou que Michelle tinha evitado convidá-la para jantar. Michelle fazia um grande jantar às sextas-feiras, e Rhoda ia com regularidade, mas agora, de repente, ela se tornara *persona non grata*.

– Ela deixou bem claro o que sentia. Pode não ter dito nada diretamente, mas não sou burra. Ela me tratou como um pária e tratou o Nigel de forma ainda pior.

– Você falou disso com ela? – perguntei.

Rhoda me olhou com desdém, como se minha pergunta fosse ridícula, e em seguida, ignorando-a, prosseguiu com sua história.

– Todo ano, vamos todos à minha casa na Ilha de Wight. A Michelle e a família dela e meus filhos. Fazemos isso há anos. E aí, como o Nigel ia, ela não quis ir. Depois, porque *ela* não ia, os filhos dela também não foram.

– Ela não foi porque não gosta do Nigel? – perguntei, tentando entender direito a história.

– Não! Ela não foi porque não *aprovava* a situação. É que ele era, bem, meio que casado. Na verdade, ele nem vive com a mulher na maior parte do tempo, então não sei por que ela fez um escarcéu tão besta por causa disso.

Em seguida, Rhoda explicou que, no que lhe dizia respeito, o comportamento de Michelle era completamente inaceitável, e por isso tinha dito a ela que a amizade estava encerrada. Perguntei como Michelle havia recebido essa notícia e, com ar desdenhoso, Rhoda disse que ela havia chorado e feito um escândalo.

– Mas ela é meio dada a dramas mesmo, e vive fazendo estardalhaço por qualquer coisinha. Todo ano ela me manda um cartão no meu aniversário, com uma mensagem bem sentimentaloide. Não sei por que se dá a esse trabalho. É uma perda de tempo e de dinheiro. Parece que ela não consegue enfiar na cabeça que não somos mais amigas.

O "todo ano" me chamou atenção e comecei a me perguntar quanto tempo fazia desde a tal desavença.

– Há quanto tempo isso aconteceu, Rhoda?

– Uns dez, onze anos, talvez. Não me lembro direito.

– Ah! – exclamei, sem conseguir esconder a surpresa. – Bem, é bastante tempo. Isso me faz pensar em por que você está vindo só agora. Por que só agora sua filha sugeriu que você viesse?

– Ela acha que estou obcecada.

– Obcecada pela Michelle? E está?

Ela não me respondeu, mas passou os vinte minutos seguintes falando de Michelle e das várias coisas imperdoáveis que ela havia feito – o que em si já era uma resposta. Ela se sentia traída e destratada, além de ter raiva de Michelle por ela "ter se safado". Sua filha também estava na linha de fogo, porque ainda era amiga dos filhos de Michelle e tinha continuado a comemorar aniversários e Natais junto com ela.

– Minha filha quer que eu "faça as pazes" com a Michelle, para poder convidá-la para o casamento.

– Casamento?

– A Tamar vai se casar no Natal – respondeu ela, secamente, como se eu fosse burra por, de algum modo, não saber que sua filha estava se casando.

＊＊＊

A traição se dá sob muitas formas: acontece entre amantes, entre colegas e entre irmãos. Mas a traição entre amigas parece ser particularmente decepcionante e difícil de se recuperar. Ao longo dos anos, observei a natureza dos relacionamentos entre mulheres e a particularidade desses vínculos. À medida que as mulheres amadurecem e abrem mão da fantasia do parceiro ideal – o príncipe encantado e abnegado que cuidará delas ininterruptamente e com altruísmo – e à medida que enfrentam a realidade de que o amado não é nem pode ser uma boa mãe para elas, é comum elas compensarem essa perda voltando-se para as amigas, em busca dessa forma particular de cuidado incondicional e sem questionamento. Com frequência, as amizades entre mulheres são construídas em torno da afirmação mútua, por meio do espelhamento e da harmonização, uma protegendo a outra da dura realidade. Nesses estados em que uma tranquiliza a outra e em que dividem a mesma opinião, a amizade feminina procura recuperar o ideal romântico, proporcionando uma bolha de aconchego, longe dos desapontamentos e das limitações. Mas manter a amizade pode ser difícil. A inveja pode vir à tona quando uma amiga tem mais do que a outra e, no momento em que essa bolha estoura, uma fúria vingativa é desencadeada. O contrato tácito de não questionar, não reprovar nem contestar fica em frangalhos e um ódio visceral toma conta da relação.

Certa vez, muitos, muitos anos atrás, tive uma paciente que se dizia feiticeira. Ela celebrava o solstício, tinha muitos gatos e só se vestia de preto. Ganhava a vida fazendo velas em formato de pênis e vaginas, mas também escrevia feitiços e encantamentos personalizados, que vendia na internet. Em sua maioria, suas clientes eram mulheres e, numa das sessões, ela me deu uma série de cartões com pragas impressas:

Pelo sopro da feiticeira
E da tormenta sepulcral,
Eu invoco minha raiva
E te desejo penoso mal.

Já que tua visão é falha
E teu coração, um mal raro,
Invoco minha raiva
Para cegar teu olho claro.

Ao romper a alvorada
E a luz retornar bela,
Não precisarei de minha raiva,
Não sentirei mais falta dela.

Mas tu, minha cara, sofrerás,
Em tua mente ensandecida,
De inveja, medo e escuridão
E da culpa que esfola a vida.

Rhoda veio a umas doze sessões até decidir que meus serviços já não eram necessários. Ela buscou em mim uma plateia para seu ressentimento, não uma solução ou um caminho para a cura. Eu me empenhei muito em estimulá-la a investigar por que se preocupava tanto. Quem sabe conseguíssemos estabelecer uma ligação com alguma perda ou um sentimento de traição de seu passado? Será que o desentendimento com Michelle não simbolizava alguma questão mal resolvida? Mas não cheguei a parte alguma. Ela gostava de sua raiva e se comprazia em compartilhar suas queixas comigo. Era como se não conseguisse enxergar o veneno dentro da lustrosa maçã vermelha da vingança.

Enquanto eu me esforçava para ajudá-la a seguir adiante, acabei percebendo que seu sentimento de traição tinha se tornado parte de quem ela era. Perder ou reduzir essa mágoa, modificar de algum modo seus sentimentos em relação a Michelle, significaria confrontar e chorar sua perda, coisa que ela sentia medo demais de fazer. Todos os anos que havia desperdiçado com aquele ressentimento teriam que ser justificados, de modo que a raiva e a amargura que ela em relação a Michelle, ano após ano, só crescia. Todo aquele ódio era o que justificava sua posição, e percebi que, em sua recusa implacável a sofrer a perda daquela amizade e perdoar, ela estava tentando destruir sua necessidade de amor.

Após semanas escutando suas queixas rancorosas, comecei a pensar em Rhoda como uma espécie de sra. Havisham, a solteirona desprezada e amarga do romance *Grandes esperanças*, de Dickens, que, traída pelo amado, vira as costas à vida para sempre. A sra. Havisham é invejosa e cerceadora, e treina sua pupila, Estella, a odiar os homens e a lhes partir o coração, destruindo naquela jovem a capacidade de amar. "Que ela fizera uma coisa terrível, [...] disso eu sabia muito bem. Mas que, ao expulsar da casa a luz do dia, ela expulsara uma infinidade de coisas adicionais; que, na sua reclusão, ela se afastara de mil influências naturais que poderiam tê-la ajudado a se recuperar; que seu espírito, ao remoer suas mágoas na solidão, se tornara doentio disso eu também sabia."*

Parecia que Rhoda também estava carregada de inveja e, tal como a rainha má em *Branca de Neve*, era o veneno e a vítima de sua própria vingança.

Eu já havia deparado com esse tipo de dificuldade e reconheci a desolação de seu domínio tenaz sobre alguns pacientes. Era um vício numa espécie de vingança psíquica, uma vingança que esmagava Rhoda muito mais do que afetava o objeto de seu ódio. Eu disse que seus sentimentos vingativos pareciam não a estar levando a lugar nenhum, que as tentativas de Michelle de se reaproximar pareciam amorosas e esperançosas, ao passo que Rhoda aparentava experimentar um sofrimento terrível. Sua raiva tinha se tornado uma espécie de veneno que infectava sua vida inteira e agora ela corria o risco de se

---

* DICKENS, Charles. *Grandes esperanças*. São Paulo: Companhia das Letras, 2012. (N. da T.)

desentender seriamente com a filha. Tentei ajudá-la a ver que a vingança é inútil quando é masoquista.

– Rhoda, é quase como se você não se importasse de se machucar, desde que possa continuar agarrada a essa fantasia de que está reagindo a uma agressão da Michelle. É como se todo dia você jogasse sua BMW nova em folha no muro da casa dela. O muro pode perder um ou outro tijolo, mas você continua a dar perda total no seu carro novo.

No entanto, nada do que eu dizia parecia comovê-la. Rhoda se manteve intacta e inatingível e, ao que parece, encerrou o tratamento sem nunca olhar para trás.

Don Juan cresce e constitui uma família

James era um paciente bastante sem graça, levando em conta sua reputação de Don Juan. Entrou em contato comigo num fim de julho, por meio de uma mensagem de texto, na qual disse ter lido, num artigo de jornal, uma observação minha sobre infidelidade que o tinha impressionado, e quis saber se eu teria um horário para atendê-lo. Respondi que não naquele momento, mas que talvez tivesse um horário disponível quando voltasse das férias, em setembro. "Você pode esperar?", perguntei. Ele imediatamente respondeu que teria muito prazer em esperar e estava ansioso para me conhecer.

Adoro férias, e muitos psicoterapeutas planejam as suas para que coincidam com o ano letivo acadêmico. No entanto, o período que antecede as longas férias de verão pode ser desgastante para os psicoterapeutas. Existe um cansaço natural que todos sentem ao final de um ano cansativo, mas esse período também pode ser difícil porque pouco antes dele é comum que alguns pacientes antigos encerrem seu tratamento. Assim, em paralelo ao aumento da empolgação e da expectativa diante da ideia de um mês só para mim, é normal haver um toque de tristeza pelo término de sessões com pacientes que estiveram comigo numa longa jornada.

Nos Estados Unidos, os psicoterapeutas recebem o maior

número de encaminhamentos em dois momentos do ano: em setembro, depois das férias de verão, e em janeiro, depois das festas de fim de ano. Aquele setembro, em particular, não foi diferente. Meu e-mail e meu celular estavam cheios de mensagens de pacientes em potencial solicitando horários, e havia diversos lembretes gentis de James me lembrando que eu tinha assumido o "compromisso" de vê-lo quando voltasse.

As mensagens de James me levaram a esperar uma pessoa dinâmica e cativante, mas, quando ele entrou em meu consultório, eu o achei bem desinteressante – alguém por quem eu passaria na rua sem dar uma segunda olhada. Seu cabelo parecia sujo e ralo, as roupas lhe caíam mal e os tênis tinham uma camada de sujeira de séculos. Recurvado, ele me pareceu bastante frágil.

Disse que tinha querido vir porque, num happy hour, um amigo o havia descrito como "mais infiel que o Boris Johnson". Todos riram, mas, embora aquele grupo só de homens tivesse dito aquilo de brincadeira, James se sentiu profundamente constrangido. Naquele dia, voltou para casa "com o estômago embrulhado de um jeito terrível". Não conseguiu dormir à noite e essa náusea e o sono inquieto persistiam desde então. Ele falou longamente sobre como, antes disso, dormia bem e que não costumava se deixar perturbar pelas coisas, mas, desde aquela noite, estava sem conseguir se concentrar em nada.

Tentei sondar com James o que exatamente ele havia considerado tão perturbador naquele comentário casual. Seria o simples fato de se imaginar como alguém que era bastante infiel nos relacionamentos? Aliás, ele achava que isso era verdade? Ou será que se sentira humilhado, de alguma forma?

Ele me escutou atentamente, mas pareceu incapaz de apontar o que o havia afligido tanto, ou de dizer se a comparação brincalhona com Boris tinha algum fundo de verdade.

– Não consigo mesmo entender. Em geral, não dou a mínima para essas coisas, mas isso realmente mexeu comigo. – Dito isso, abriu um largo sorriso e acrescentou: – Tenho esperança de que você saiba me dizer por quê.

São múltiplas as razões pelas quais as pessoas têm aventuras amorosas, mas, pela minha experiência, é comum que isso tenha a ver com algo que acontece entre o casal. Um caso extraconjugal pode ser uma resposta a um problema com que o casal não consegue lidar junto e, às vezes, os atos de traição servem como um alerta. Por outro lado, pode ser uma resposta à redução do apego a um parceiro e uma transição para sair do relacionamento e ir em direção a algo novo. Nesse caso, porém, a infidelidade contínua de James não devia ter muito a ver com as namoradas, mas, antes, com algo no próprio James e nas suas dificuldades com relacionamentos íntimos, em linhas mais gerais.

O restante da sessão pareceu muito longo. Foi formal e, em alguns momentos, teve um toque excruciante de constrangimento. Aparentemente, o que eu sugeria a James não evocava nenhuma conexão e parecia que meu silêncio o deixava agitado. Perto do fim da sessão, falei do preço que cobraria, do horário e de outros detalhes burocráticos do início da terapia. Disse que tinha sido difícil chegarmos ao cerne dos sentimentos que o mantinham acordado à noite, mas que talvez pudéssemos nos encontrar outra vez para pensar um pouco mais no assunto. Ele recobrou imediatamente o ânimo, disse com firmeza que sim, que queria voltar com certeza e que tudo estava ótimo e me veria na semana seguinte.

Depois que ele saiu, eu me lembro de não saber ao certo se realmente queria voltar a vê-lo. Eu tinha sérias dúvidas quanto ao início do tratamento e me perguntei se nós dois tínhamos uma boa química. Apesar disso, embora James certamente não tivesse feito meu coração bater de expectativa na nossa primeira sessão, fiquei curiosa. Ao telefone e nas mensagens, ele tinha parecido muito receptivo e charmoso. Na sessão, porém, apresentou-se como um homem sem maiores atrativos, desprovido de qualquer carisma. Será que minha reação morna a ele era um reflexo de quanto, no fundo, *ele* se sentia indigno de amor?

Para minha surpresa, a segunda sessão foi totalmente diferente da primeira. Dessa vez, James usava um terno com um belo caimento e, apesar de seu porte franzino e do cabelo rareando, mostrou-se ágil, em boa forma física e bem-vestido. Como era um dia quente de setembro, tirou prontamente o paletó, revelando uma camisa de corte requintado que, como pude observar, emoldurava perfeitamente sua figura magra mas atlética. Feita sob medida, pensei comigo mesma. Quando começou a falar, James parecia outra pessoa, diferente do personagem frágil e inseguro que eu havia encontrado na semana anterior. Logo me dei conta de quanto ele parecia estar presente, de como se mostrava muito menos frágil, com a fala bem mais assertiva. Foi ficando claro para mim que aquele homem tinha dois lados e que ele havia decidido me mostrar os dois. Um James não amado e indigno de amor e, agora, um James radiante e seguro. Qual deles era real? Qual era falso?

Depois de sentar e levantar cuidadosamente a perna da calça para proteger os vincos bem marcados, ele começou a me falar mais de sua história. Estava com quase 40 anos e, não pela primeira vez, encontrava-se numa situação complicada com sua parceira dos últimos três anos, Grazyna, e outras duas mulheres. Explicou que nunca tivera um relacionamento realmente monogâmico e que costumava sair com pelo menos duas mulheres ao mesmo tempo, se não três. Sua infidelidade quase sempre era descoberta e por isso ele levava foras regularmente.

Quase nunca era ele quem terminava um relacionamento. Em geral, as mulheres desistiam dele.

– Você se incomoda quando "leva um fora"? – perguntei.

– Não tanto – disse James, animado. – É meio perturbador, digamos assim, mas sei quando vai acontecer e, a essa altura, já comecei a namorar de novo.

Explicou que se julgava viciado na arte da "paquera" e se sentia bem mal por galinhar desse jeito, mas, até aquele momento, não tinha conseguido parar. Queria saber se parte de seu problema era porque Grazyna despertava algo um pouco diferente nele; ela era especial.

– Ela é boa demais para mim, Susanna. Sem dúvida, estou dando um passo maior que as pernas com ela – disse, rindo.

Notei que seus dentes eram perfeitamente brancos e alinhados e pareciam uma representação de como ele escondia essas coisas mais obscuras por trás de uma fachada reluzente e sedutora.

– Mas o momento decisivo está chegando. Ela trabalha em Paris, mas o contrato dela está quase no fim e ela quer voltar para Londres para morar comigo. – Arqueou as sobrancelhas e fez uma careta, como se isso fosse uma ideia ridícula. – Temos discutido e planejado isso na maior parte do tempo, então não é novidade. – E tornou a rir, exibindo os dentes perfeitos.

– Você não disse o que acha disso, de ela ir morar com você – observei, incentivando-o a ir um pouquinho mais fundo.

Ele abriu outro sorriso caloroso e disse que achava que amava Grazyna e sabia que estava na hora de sossegar o facho e constituir uma família, mas ficava "com o estômago embrulhado" só de pensar em abrir mão das outras mulheres.

– É a mesma sensação que você tem à noite, James? – perguntei. – É esse o "estômago embrulhado" que não o deixa dormir?

Ele me olhou atentamente, como se eu tivesse dito algo

extraordinário, em vez de fazer uma associação simples e bastante óbvia.

– É! – exclamou. – Agora que você falou... Você acha que não tenho dormido por causa da Grazyna? Que talvez não tenha nada a ver com o comentário do Steve?

– Acho, porque, pelo que está dizendo, você está se sentindo numa espécie de encruzilhada. Parte de você quer ficar mais perto de Grazyna e se comprometer com ela, mas a outra parte não sabe se você será capaz disso.

James assentiu com a cabeça, com ar pensativo.

Seu entusiasmo com minhas observações e a calorosa gratidão que ele expressou no fim da sessão me deixaram muito mais esperançosa quanto à terapia. Senti uma mudança em mim mesma e um alívio por ele vir se revelando muito agradável e disposto a trabalhar. Percebi, é verdade, que as coisas iriam avançar devagar – ele não se conhecia muito bem e achava difícil enxergar os vínculos entre seus sentimentos e seus comportamentos, mas agora eu estava otimista, e o trabalho tinha começado.

Nas semanas seguintes, fiquei sabendo que James trabalhava no centro financeiro de Londres, dirigindo uma empresa bem-sucedida de relações públicas, e que tinha sido um "menino prodígio" e ganhado muito dinheiro, mas agora vinha batalhando para consolidar seu sucesso precoce. Confessou que, na faculdade, tivera problema com cocaína, mas que agora estava "limpo", ia à academia e estava próximo de se tornar completamente vegano. Embora de vez em quando o trabalho o preocupasse, James achava sua vida "perfeitinha, exceto pela confusão em que estou com as mulheres". Como não reagi a isso e ficamos em silêncio, James disse ter decidido, antes de começar a terapia, que seria completamente franco comigo. Ele sabia que eu não poderia ajudá-lo se não me contasse tudo.

– Você precisa saber que ninguém mais sabe como eu sou de verdade. Só você. Passo muito tempo convencendo os outros de que sou um sujeito sincero, amável, decente... Mas eu não sou.

Meio que me perguntei se ele estava me dizendo isso para fazer com que eu me sentisse especial, em algum sentido, e se essa era uma de suas formas de seduzir as mulheres. Mas me concentrei nos sentimentos negativos a seu respeito e comentei que era interessante ele ter enveredado pelo campo das relações públicas, já que parecia ser assim que ele se relacionava com as pessoas, como se precisasse fazer a "curadoria" da própria persona pública. Ele concordou com minha interpretação e disse que costumava se esforçar muito para fazer as pessoas gostarem dele. Senti que nosso trabalho se aprofundava, uma vez que ele revelava cada vez mais informações.

Por outro lado, James frequentemente se atrasava para as sessões. Era normal eu receber uma mensagem, vinte minutos antes do início da sessão, dizendo que ele ia se atrasar, ou até que lamentava mas não conseguiria ir. E o mais interessante era que, de vez em quando, ele me perguntava qual era mesmo o horário da sessão. Isso era muito surpreendente, pois tenho sólida confiança nos três valores da terapia: ritmo, regularidade e confiabilidade, o que significa que as sessões são marcadas para o mesmo horário e o mesmo dia toda semana. Eu me perguntei como era possível que ele continuasse esquecendo.

Os terapeutas psicanalíticos prestam muita atenção no tipo de relacionamento criado entre eles e os pacientes. Procuramos notar os tipos de sentimentos que os pacientes despertam em nós. Gostamos deles? Nos sentimos inúteis? Nos sentimos em competição? Observamos esses sentimentos em nós mesmos porque, às vezes, eles são pistas úteis para o mundo interior dos pacientes e para a maneira como eles constroem seus relacionamentos, inconscientemente.

Notei que James me tratava de dois jeitos. Algumas vezes fazia com que eu me sentisse uma ótima terapeuta, em quem podia realmente confiar. Nessas ocasiões, deixava claro que eu era especial para ele e que a terapia comigo era importante. Em outras, fazia com que eu me sentisse alheia ao que realmente lhe importava, e dava a entender que não era apegado a mim nem comprometido com o trabalho que realizávamos juntos, e que, a qualquer momento, poderia tirar as sessões da cabeça e da agenda. Em outras palavras, ele oscilava entre o sim e o não, e eu tinha uma forte suspeita de que era assim que tratava muitas pessoas em sua vida, inclusive as mulheres com quem se envolvia. Aos poucos, ele começou a contar mais detalhes sobre suas relações com as outras duas mulheres, Dominique e Marcie. Fazia quase dois anos que estava envolvido com elas e admitiu que, basicamente, isso fazia parte de um padrão, já que sempre tinha pelo menos dois relacionamentos de cada vez. Os casos com Dominique e Marcie, no entanto, eram uma coisa nova, pois elas se conheciam e sabiam que ambas estavam dormindo com ele. James fez essa revelação e se calou, e fiquei ali me perguntando se estaria falando de um *ménage à trois*. Fiquei um tanto intrigada e inquieta com o que ele disse e ciente de que havia certo senso de excitação em torno dessa vida secreta. James contou apenas o bastante para despertar meu interesse e, em seguida, recuou. De repente, eu me dei conta de que, mais uma vez, ele me atraía para me manter a certa distância. Isso fez com que eu me sentisse barrada e um pouco inútil. Observar como ele me tratava me permitiu ver como tratava as mulheres. Quem sabe não era assim que ele havia seduzido e atraído Grazyna, Dominique e Marcie?

– James, você me disse que fez um pacto consigo mesmo de ser completamente franco comigo, mas noto que só me diz as coisas pela metade, que revela alguma coisa e em seguida a deixa em suspenso. Eu me pergunto se esse é seu jeito de garantir que eu permaneça interessada e que você conserve uma sensação de controle. Acho que você realmente quer minha ajuda, mas também quer segurar as rédeas nas próprias mãos, e para isso precisa reter certas informações. Será que, se compartilhar tudo comigo, vai se sentir exposto demais?

James ficou com os punhos cerrados no colo pelo que devem ter sido uns trinta segundos. Eu o deixei quieto, já que ele estava claramente remoendo minhas palavras. Cheguei a ouvir pássaros cantando do lado de fora, nos últimos dias do verão, antes de partirem para o sul. Por fim, James abriu um dos punhos cerrados e disse apenas:

– Tá.

O significado do "Tá" ficou mais evidente nas sessões seguintes, quando ele tentou ser mais franco. Contou que nunca havia realmente transado com Dominique nem com Marcie, mas que os três iam juntos a festas de sexo grupal e transavam com outras pessoas enquanto observavam uns aos outros. Ele achava essas festas excitantes e aflitivas. Muitas vezes, tinha medo de não ser capaz de "cumprir suas obrigações", mas, quando o fazia, saía de lá exultante e isso o deixava "numa boa a semana inteira". Ele não queria abrir mão desse estilo de vida e, na verdade, duvidava que conseguisse, mesmo que Grazyna voltasse para Londres e fosse morar com ele.

Um dia, James apareceu agitado e falou de novo que ainda ficava inquieto à noite e que, quando conseguia dormir, era atormentado por pesadelos. Pedi que me contasse algum de que conseguisse se lembrar. A princípio, ele desconversou, dizendo que sabia que os sonhos eram assustadores e esquisitos, mas não recordava detalhes. Esperei um pouco e perguntei:

– Será mesmo que não consegue se lembrar de nada?

E ele começou a descrever uma imagem recorrente que o vinha perturbando.

– Tem uma trilha comprida num parque, com uma cerca viva de um lado e carvalhos do outro. Acho que é o Regent's Park, onde eu costumava correr quando me mudei para Londres. Sei que estou morrendo de sede e preciso beber alguma coisa. Acho que tem uma fonte por perto, mas não consigo vê-la, apesar de ouvir o barulho da água ao meu redor. Continuo andando e andando em direção ao som da água, mas não consigo chegar mais perto nem ver de onde vem. Começo a entrar em pânico, porque estou morrendo de sede. – James parou e franziu o cenho: – Não consigo lembrar mais nada. Será que foi nessa hora que acordei?

Esperei um pouco, para ver se ele queria dizer algo mais, e então perguntei:

– O que *você* entende desse sonho?

Houve uma pausa.

– Passei um tempão deitado depois desse sonho. Não consegui voltar a dormir. Fiquei mesmo muito incomodado com ele e não consegui mais tirá-lo da cabeça. – Tornou a fazer uma pausa e permanecemos ambos em silêncio. Em seguida, continuou: – No sonho, a trilha dá muito medo... Fico com medo de andar até aquela fonte, ou seja lá o que for.

Perguntei se ele sabia por que se sentia tão inseguro para falar disso comigo. Ele parecia ter ficado bastante perturbado e amedrontado com o sonho, então tive que pressioná-lo para que o contasse.

James disse que suas noites eram completamente diferentes dos dias e que não sabia ao certo se queria que eu soubesse tantas coisas sobre ele.

– De dia, em geral eu me sinto ok, até bem. Mas à noite, especialmente quando não consigo dormir, eu me sinto... – Lutou para encontrar as palavras. – Acho que me sinto meio patético contando para você que fiquei assustado com um sonho idiota.

– Quem sabe se não é a isso que o sonho se refere? – perguntei. Ele me olhou com um ar intrigado e prossegui: – Talvez eu seja a fonte do seu sonho, não? Você sabe que precisa de ajuda, mas tem vergonha de pedi-la. No sonho, você está desesperado por uma coisa, mas tem medo de ir na direção dela. Tenho a impressão de que o sonho é sobre seu medo de precisar de mim... Ou, talvez, de precisar de qualquer pessoa.

Ele me olhou atentamente e disse apenas:

– Pode ser.

Na sessão seguinte, James não apareceu. Nada de mensagem nem ligação para explicar. Mais tarde, no mesmo dia, mandei um e-mail a ele para dizer que lamentava ele não ter aparecido e esperava que tudo estivesse bem.

Ele só me deu notícias três dias depois. Deixou um recado, dizendo que sentia muito por ter faltado à sessão. Tivera que ir a Nova York a trabalho e ainda estava lá. Esperava me ver na semana seguinte. Aquele seria seu jeito de recuar de qualquer sugestão de que ele talvez realmente precisasse de terapia? Achei que ele estava tentando "retomar o controle" e me dar a entender que minha sugestão de que temia depender de mim tinha sido demais. Provavelmente, eu tinha acertado na mosca, mas isso não queria dizer que ele tinha gostado de saber disso ou que suportasse essa ideia.

James me falara um pouco de sua infância, mas só quando eu perguntava. Seus pais tinham se divorciado quando ele ainda era bebê e, quando tinha 5 anos, os dois se casaram com outras pessoas e construíram famílias novas. De repente, ele já não era filho único, mas se viu cercado por meios-irmãos e por filhos do padrasto e da madrasta. Passava o tempo viajando entre a casa do pai, em Wandsworth, e a da mãe, em Woking, e, a partir dos 8 anos, também entre essas casas e o colégio interno, em Suffolk. Disse que era na escola onde mais se sentia em casa, mas que nunca tivera realmente a sensação de fazer parte de algum lugar. Numa de nossas sessões, falou de um Natal, quando tinha uns 11 anos. Ia passar o dia 25 com a mãe e o padrasto, mas os planos mudaram de última hora porque o meio-irmão caçula ficou muito doente. O pai foi buscá-lo em Woking e o levou de volta para Wandsworth, na noite do dia 24. Na manhã seguinte, todos se deram conta de que os presentes dele tinham ficado em Woking. Ele não tinha nada para abrir, nem meia nem coisa alguma, e teve que ficar olhando enquanto todos os outros abriam seus presentes.

Fiquei comovida ao escutar essa lembrança, que transmitia algo profundamente doloroso sobre o sentimento de exclusão e negligência. Ele não chorou ao falar disso comigo, mas pegou um lenço, respirando fundo e devagar, como quem tentasse recuperar o controle das próprias emoções.

Quando James retornou, começamos a falar mais de sua aversão a sentir que precisava de alguém. Ele disse que não queria nem ter faxineira e que ele mesmo esfregava o chão, porque não suportara o dia em que ela o deixara a ver navios. Investigamos quanto ele temia que Grazyna o deixasse na mão e sugeri que talvez fosse por isso que ele precisava de pelo menos duas namoradas, para poder se proteger por meio da "segurança numérica". Ele tinha estepes: se Grazyna não estivesse disponível, havia Marcie. Se Marcie fosse fria ou distante, ele tinha Dominique. Desse modo, nunca precisava ter medo de que o decepcionassem; mantinha distância delas e com isso as deixava carentes para nunca ter que sentir carência alguma.

Durante as sessões, também investigamos por que ele se apegava tanto às festas de sexo grupal. O que havia de tão cativante em observar Marcie e Dominique transando? Aquilo parecia um enigma completo, mas, na sessão seguinte, James começou a falar de seus meios-irmãos gêmeos e de ter ido vê-los tocar no fim de semana. De acordo com ele, os dois eram excepcionalmente talentosos. Tinham se apresentado em programas de televisão quando eram pequenos e o gêmeo mais novo também tinha sido um jogador de futebol incrível. Agora eles formavam uma dupla de música popular e vinham fazendo bastante sucesso. Perguntei se as conquistas desses meios-irmãos tinham sido difíceis para ele na infância, se ele havia sentido inveja e competido com eles.

– Quando eu era pequeno, passava muito tempo indo aos jogos ou às peças deles, ou o que quer que fosse. Às vezes, era um pouco demais – admitiu, rindo. – Eu tentava fazer esse negócio de bancar o irmão mais velho bonzinho, mas era frustrante ninguém nunca parecer interessado no que eu fazia. Eu voltava do internato para passar o fim de semana em casa e tinha que ver o Danny jogar futebol ou ir a algum concerto idiota. E, quando eu ia para casa do meu pai, parecia que eu sempre acabava tendo que assistir a alguma apresentação de balé da Lily. Não era muito divertido para um adolescente – completou, com um sorriso tristonho.

Comentei que era interessante ele achar que tinha passado grande parte da infância como espectador e relembrei o tal Natal em que ficara vendo todos abrirem os seus presentes, enquanto ele não tinha nenhum. Também falei que achava que essa situação de ficar sempre do lado de fora, observando, devia ter sido dolorosa para ele e tê-lo feito sentir-se negligenciado, como se não pertencesse a lugar nenhum.

Ele me olhou e disse:

– É, foi exatamente esse o sentimento que tive naquele fim de semana no concerto. Olhei para minha mãe e ela não conseguia tirar os olhos dos meus irmãos, literalmente.

Passamos um tempo sentados em silêncio e eu disse:

– É impressionante, considerando o que acabou de descrever, que você ocupe esse lugar de observador nas festas de sexo.

– É, acho que sim.

Falamos então que, embora fosse difícil para ele ser espectador, ele parecia gostar de ficar observando a orgia.

– Acho que, nas festas de sexo grupal, você pode ficar no controle – arrisquei. – Pode transformar a experiência dolorosa do observador numa coisa excitante, na qual você meio que orquestra tudo. É um jeito de ter controle sobre a coisa que você mais teme.

Ele fez que sim.

– Que eu mais temo? – perguntou.

– É, o medo de ser excluído, de ser a pessoa de fora, de não ter lugar...

* * *

O medo da exclusão é uma experiência universal. Lembro que, na infância, eu detestava qualquer mínima sensação de estar sendo deixada de fora, fosse por não ser escolhida para participar do time de netball, fosse por ouvir a conversa de meus pais no térreo enquanto eu estava sozinha na cama. Até hoje, mulher adulta, naquele momento estranho ao final de uma reunião, em que as pessoas se dividem em grupos para conversar, sempre tremo por dentro com medo de não ter com quem conversar e, como resultado, raramente espero para descobrir. Essa angústia ligada à exclusão provém de uma compreensão precoce de que nossos vínculos duais, com a mãe e o pai, na verdade não são exclusivos. Eles "brincam sem parar" um com o outro e com nossos irmãos;

são "infiéis" a nós quando se interessam por outras pessoas e se ocupam delas. Que tragédia! Não estamos em primeiro lugar! Essa é uma constatação chocante, dolorosa, e uma ameaça potencial à vida, pois, quando fazemos essa descoberta, na verdade ainda somos completamente dependentes de nossos pais. Dependentes para obter alimento, abrigo, cuidado e, a rigor, para sobreviver. Para muitas pessoas, os relacionamentos íntimos ressuscitam esses pavores primitivos e daí decorre uma confusão entre a dependência adulta e a dependência infantil. Essa confusão, que estimula medos profundos relacionados à sobrevivência, nos impele a buscar proteção contra esse pavor, construindo muros e defesas que nos ajudem a evitar qualquer situação em que nos sintamos dependentes e vulneráveis.

No caso de James, isso significou desenvolver uma persona que escondia a sua fragilidade e por meio da qual ele podia seduzir e manipular suas namoradas, mantendo assim uma ilusão de controle. No entanto, a parte mais triste é que a coisa que ele mais temia, a catástrofe que ele tentava evitar – a de ficar desesperado e impotente como um bebê –, na verdade já havia acontecido. Donald Winnicott, um sábio psicanalista que escreveu com muita eloquência sobre o mundo interior da criança, explica que, quando nos acontecem coisas traumáticas na primeira infância, é impossível entendermos e processarmos essa experiência. Nessa fase da vida, os bebês simplesmente não têm ferramentas para refletir e para compreender todos os sentimentos ligados ao trauma. Por isso, os adultos que vivenciaram traumas na primeira infância carregam esses afetos não elaborados para a idade adulta; esses afetos ficam no fundo deles sob a forma do medo de um desastre por vir, quando, na verdade, ele já aconteceu.

Para James, o trauma deve ter tido origem mais ou menos

no divórcio dos pais e na perda consequente de uma base sólida que o fizesse se sentir em segurança e sustentado. Ao longo dos meses, à medida que exploramos sua infância, tive a sensação muito aguda de um menininho deslocado de um lado para o outro entre a mãe e o pai, ambos preocupados consigo mesmos, com seus cônjuges e filhos novos. Foi como se, muito precocemente, ele tivesse sido retirado da mente dos pais e, na impossibilidade de lidar com esses sentimentos de exclusão e rejeição, tivesse construído um castelo dentro de si para se proteger da dor.

Será que compreender isso teria marcado um ponto de virada? As coisas pareceram continuar mais ou menos como antes, mas ele começou a falar mais de Grazyna. Pela primeira vez, comecei a enxergá-la como uma pessoa real, conforme fui percebendo quanto James estava envolvido com ela.

Estávamos em março quando a crise aconteceu. Eu estava meio que esperando por isso e, pensando bem, era quase inevitável. Numa noite de domingo, James me mandou uma mensagem perguntando se poderia me ver com urgência; não daria para esperar até quinta-feira. Grazyna tinha descoberto a relação entre ele e Marcie e rompido com ele. Respondi e combinamos de nos encontrar na terça-feira.

James parecia debilitado ao chegar – não impecável e seguro, mas frágil e desleixado. Logo que entrou, contou que tinha ido a Paris visitar Grazyna. Havia chegado tarde e ido direto para o chuveiro, deixando o celular na bancada da cozinha, justamente onde Grazyna estava preparando o jantar para ele. Seu celular tocou e Grazyna o pegou e leu uma mensagem insinuante de Marcie, que dava sinais claros de que havia algo de sexual entre os dois.

Dessa vez, James chorou no consultório. O que ia fazer? Tinha estragado tudo e já não havia nenhuma esperança. Ele havia tentado acertar a vida buscando tratamento comigo, mas agora era tarde demais e ele havia perdido Grazyna.

Dois dias depois, voltou para sua sessão regular. Usava um moletom e disse ter tirado uns dois dias de licença do trabalho para se encontrar com Grazyna em Paris. Ela continuava muito zangada, mas James acreditava que podia reconquistá-la. Contou que voltara a ter o tal sonho. Mais uma vez, estava no parque, havia uma fonte e ele queria beber água, mas não conseguia achá-la. Dessa vez, porém, ele viu a fonte – era uma daquelas enormes fontes vitorianas. Era luminosa, branca e parecia frágil, como se pudesse desmoronar a qualquer momento. Mas ele continuou sem conseguir alcançá-la e aflito para beber água.

Perguntei se tinha mais algum detalhe sobre o sonho e a fonte e ele respondeu que, na verdade, ela parecia um bolo enorme.

– Um bolo de casamento? – perguntei, e ele assentiu vigorosamente com a cabeça.

– É, exatamente isso.

Em julho, quase um ano depois do início de nosso trabalho juntos, Grazyna mudou-se para a casa dele e, quando voltei, em setembro, James chegou entusiasmado à sessão para me contar que ela estava grávida. Algo nele mudara, mas nós dois sabíamos que o trabalho que fazíamos juntos estava longe de terminar.

* * *

A jornada de James para o casamento envolveu um confronto com a necessidade e a vulnerabilidade que ele passara a vida inteira tentando evitar. Por meio das aventuras amorosas e do tratamento displicente que dispensava às mulheres, ele mantivera uma ilusão de poder e controle, triunfando sobre a parte de si que detestava e julgava carente e frágil demais. Na terapia, essas suas diferentes partes foram expostas e, por meio da sensação de ser acolhido e reconhecido, ele deu início ao processo de compreender e aceitar sua necessidade humana de amor e segurança.

Chapeuzinho Vermelho protege o lobo em pele de cordeiro

A traição faz parte da vida; duvido que exista algum adulto vivo que não tenha sentido sua ferroada. Confiar em alguém traz sempre o risco da traição. A confiança realista envolve saber disso e aceitar esse fato. Entretanto, aceitar que os entes queridos vão mentir para nós, nos trair ou nos decepcionar em algum momento não significa que toda traição seja perdoável.

Pippa e Claudine, casadas e na faixa dos 40 e poucos anos, me procuraram porque, havia vários anos, Claudine tinha sofrido de uma doença misteriosa, semelhante à síndrome da fadiga crônica, que, de tempos em tempos, deixava-a extremamente mal. Durante quase três anos, Claudine fora submetida a exames para investigar se era derrame, asma, esclerose múltipla ou labirintite – todos problemas de saúde que poderiam explicar por que, de vez em quando, ela perdia o equilíbrio e caía, desmaiava, ficava de cama ou era dominada pela exaustão. Nos exames não se detectou nenhum dado conclusivo, de modo que as duas deduziram que Claudine tinha uma forma atípica de síndrome da fadiga crônica, ou, como é às vezes chamada, encefalomielite miálgica.

Alguns meses depois desse "diagnóstico", Claudine pareceu piorar cada vez mais, a ponto de não conseguir mais sair da cama. Não conseguia trabalhar nem ajudar em casa, o que levou Pippa, em desespero, a insistir em novos exames. Encaminhada por seu clínico geral, Claudine se submeteu a mais exames, que mais uma vez foram inconclusivos. Nenhum médico conseguiu identificar que doença subjacente poderia explicar seu esgotamento completo, seus desmaios ocasionais e a profusão de outros sintomas.

Os meses se passaram e Claudine continuou inválida, até que um amigo sugeriu a Pippa que elas tentassem um outro especialista, que trabalhava em Paris. Esse médico dirigia uma clínica voltada especificamente a doenças crônicas incapacitantes e difusas, como parecia ser a que vinha afetando Claudine. A consulta era cara e o dinheiro andava curto, mas no momento não havia outra opção senão tentar.

Nesse meio-tempo, Pippa havia sustentado financeiramente a família e administrado a casa, não apenas cuidando de Claudine, mas também de Milly, a filha de 12 anos de sua parceira. Pippa estava ficando desesperada de preocupação, com medo de que Claudine nunca melhorasse. Sem um diagnóstico, ficava inquieta com a possibilidade de que acontecesse algo terrível, talvez até que Claudine morresse.

As duas conseguiram o dinheiro e, após deixar Milly com uma amiga, foram para Paris. Apesar do motivo da viagem, elas estavam animadas. Nunca haviam entrado no Eurostar e fazia anos desde a última vez que tinham viajado sozinhas. Na primeira consulta, a enfermeira coletou sangue e urina. Os resultados, mais para o final do dia, foram tão chocantes quanto devastadores. Claudine tinha uma taxa altíssima de opioides no sangue. Seria uma anomalia? O que aquilo significava?

As duas tiveram uma noite horrível, entre acusações e negações lacrimosas, mas, na manhã seguinte, na presença do médico, Claudine enfim confessou que havia anos vinha abusando de analgésicos opioides. Seu uso tinha variado, mas ela só deixava de tomar os medicamentos quando fazia exames. Ela não sofria de uma forma atípica de síndrome da fadiga crônica nem de outra doença desconhecida. Era, simplesmente, viciada em drogas. Naquele momento da crise, quando Claudine estava saindo da desintoxicação, as duas me procuraram para começar a terapia.

Pippa sentiu aquela desonestidade como uma traição monstruosa, e ela disse que o segredo de Claudine sobre o uso abusivo de drogas era tão imperdoável quanto qualquer aventura extraconjugal. Pippa confessou, naquela primeira sessão, que estava prestes a dar início à separação, e não pude deixar de pensar que realmente não a recriminava. Mas qualquer ideia de separação era impossível porque, diante dessa ameaça, Claudine se retraía no mais profundo e mortal silêncio, o que deixava Pippa aterrorizada.

Foi um desafio considerável me ater à postura crucial de qualquer terapeuta de casal, que consiste em dedicar interesse e atenção aos aspectos *compartilhados* dos problemas que se apresentam, uma vez que, naquelas primeiras sessões, eu me senti totalmente punitiva em relação a Claudine e protetora em relação a Pippa. Aos poucos, no entanto, começou a ficar evidente que tinha havido um forte conluio inconsciente entre as duas, e percebi que Pippa havia fechado completamente os olhos para o vício de Claudine, no intuito de evitar algo muito pior.

À medida que elas falavam mais do passado e Pippa esbravejava contra as mentiras, comecei a me perguntar por que ela havia ignorado tantos sinais reveladores. Por que tinha feito vista grossa aos saques da conta bancária conjunta das duas, sem que houvesse nenhuma explicação satisfatória? Fiquei cética quando Pippa disse ter acreditado que os frascos de comprimidos que encontrava escondidos, atrás do galpão, tinham sido jogados por cima da cerca pela garotada do bairro, como afirmava Claudine.

Foi ficando cada vez mais claro que Pippa havia ignorado todos os sinais. O que estava pouco claro era o porquê.

Levamos algumas semanas para falar de outras coisas que não fossem o consumo de drogas e as mentiras. Todas as sessões eram acaloradas, cheias de raiva e vergonha, o que dava margem a uma exploração nada delicada. Durante uma das sessões, porém, conforme fui ficando cada vez mais intrigada com aquele casal, insisti que elas abrissem espaço, em meio à dissecação das traições, para me dizer alguma coisa sobre sua infância e suas famílias.

– Não sei direito se a Claudine vai ter condições de falar disso – disse Pippa, com ar protetor. – Mas eu posso falar da minha, se isso ajudar.

Pippa era sempre assim, falastrona e cooperante, enquanto Claudine costumava ficar muito calada. Fiz que sim com a cabeça e Pippa começou.

– Nossa, faz anos que não paro para pensar na *minha* família! Encontro minha irmã de vez em quando, mas nunca meu irmão ou meu pai. Meu irmão mora em Omã. Meu pai, bem, ele é pirado. Acho que não quer me ver e eu também não quero vê-lo. É mútuo! – concluiu, rindo. Aguardei, na esperança de que ela dissesse mais alguma coisa, mas ela pareceu achar que aquilo era suficiente e cutucou Claudine com o cotovelo para que ela falasse. – A Claudine tem uma história de verdade. Enfrentou uma barra na infância.

Claudine não foi mais direta que Pippa. Porém, com relutância, contou que tinha entrado e saído de abrigos sociais durante toda a infância, até ser entregue, aos 12 anos, a pais de criação, e depois ser adotada por Delia, que agora considerava sua mãe. Ela havia passado anos sem ver nem ter notícias de qualquer parente biológico seu, mas, quando Milly nasceu, entrou em contato com a mãe biológica.

– Foi um erro. Achei que talvez, por estar mais velha, ela estivesse mais sensata, mais disposta a ser avó, ou coisa assim. Mas ela não é mesmo alguém com quem eu quero qualquer relação neste momento.

– Por que você foi entregue ao abrigo social, Claudine? Você sabe? – perguntei, querendo saber o que ela havia sofrido quando criança.

– Disseram que eu tinha mais ou menos 1 ano na primeira vez que fui para lá. Minha mãe era viciada em heroína e ainda estava com meu pai.

Fez uma pausa, espremendo os lábios com força, e, assim como aconteceu com Pippa, ficou claro que ela queria parar por ali, de modo que não a forcei.

Depois que elas foram embora, subi as escadas do prédio. O dia estava ficando mais frio do que eu havia esperado e eu precisava pegar um agasalho antes de receber o paciente seguinte. Vesti o cardigã, fui até o espelho e, parada diante dele, perto da janela aberta, ouvi uma voz alta na rua, lá embaixo. Olhei pela janela e vi Pippa e Claudine paradas ao lado de um Fiat verde, velho e surrado, na outra calçada. Pippa tinha erguido a voz e, embora eu não pudesse escutar o que estava dizendo, pelo tom e pelo perfil encolhido e recurvado de Claudine percebi que ela estava levando uma bronca.

Conforme prosseguimos com a terapia, o pouco da história infantil que as duas tinham revelado começou a me ajudar a compreender o relacionamento intenso e desequilibrado entre elas. Era evidente que, em muitos aspectos, Claudine se portava como uma criança. Mesmo naquele momento, quando afirmava ter suspendido o uso abusivo de drogas, fazia quase seis meses que Pippa levava seu café da manhã na cama. Claudine, que era revisora freelancer, tinha voltado a aceitar trabalhos, mas tinha dificuldade de terminá-los. Assim, Pippa entrava no circuito para ajudá-la e Claudine caía fora, deixando-a encarregada daquilo. Era claro que Claudine queria – ou talvez precisasse – que Pippa bancasse a mãe com ela, e mostrar-se desamparada desencadeava essa atenção. O uso abusivo de drogas havia reduzido alguns sentimentos dolorosos de Claudine e a levara a cair num estado de dependência infantil, buscando segurança na certeza de que Pippa estaria ali para ampará-la.

Numa terça-feira de manhã, num dia de ar frio mas com um céu luminoso, Pippa chegou sozinha. Claudine, ao que parecia, tinha se recusado a sair da cama. Fiquei irritada com ela e essa irritação aumentou quando eu soube que Pippa tinha tentado acordá-la, levado seu café na cama, deixado Milly na escola, voltado e levado uma xícara de café para ela – mas que nada tinha adiantado. Claudine não quis sair da cama de jeito nenhum.

– Você acha que ela está usando drogas? – perguntei.

– Acho que não. Não. Ela não faria isso. Sei que não faria – disse Pippa, abanando a cabeça. Fez-se silêncio e vi que Pippa reconsiderava minha pergunta. – Por que você tinha que dizer isso? – Sua voz soava irritada.

– Bem, posso perguntar por que você não cogitou isso?

– Acho que você não entende o que está acontecendo. A Claudine não usaria drogas agora, de jeito nenhum. Ela sabe que isso me deixaria desolada.

Permaneci calada. Sabia que ela precisava encontrar seu próprio caminho para chegar à dúvida.

– Não sei. Não sei o que dizer. O que você quer que eu diga? – perguntou, com raiva.

– Não quero que você diga nada, Pippa, mas vejo que aparentemente você acha difícil reconhecer ou até se permitir sentir *qualquer* frustração ou raiva em relação à Claudine. Parece mais fácil voltar isso contra mim, e eu realmente gostaria de saber por que isso acontece.

– Ela tem tentado, e parece que você não entende como é difícil para ela.

– Eu entendo, sim. O que eu não sei é por que você ignora como tem sido difícil para *você*.

Ela curvou a cabeça e ficamos ambas em silêncio. Eu a olhei e pensei em quanto parecia cansada e triste. Seu cabelo preto, já começando a ficar grisalho, estava preso num rabo de cavalo, e as mãos, dobradas sobre o colo, estavam vermelhas e machucadas, com as unhas roídas até o sabugo.

– Na verdade, você nunca me falou muito da sua infância nem da sua família, Pippa.

– Da minha família? Falei, sim.

– Não. Só me disse que não convive muito com ela.

Pippa deu um suspiro e encolheu os ombros:

– Bem, não foi grande coisa, se é isso que quer saber. Meu pai era, *é*, um completo fracasso. Eu contei que minha mãe morreu quando eu tinha 12 anos? Andei pensando que talvez ela fosse alcoólatra, mas, francamente, sendo casada com ele, eu não a culpo...

Demorou, mas, ao longo da sessão, ela conseguiu me dar uma imagem clara de uma infância em que, sendo a mais velha de quatro irmãos, ela havia ocupado habitualmente o lugar de "mãe mirim". O pai, apesar de ser o provedor, nunca se portara como adulto. Era engraçado e brincalhão, mas ia e vinha de forma inconstante e parecia incapaz de assumir qualquer responsabilidade.

– E sua mãe? – perguntei.

– Eu adorava minha mãe – disse Pippa, simplesmente. – Ela sabia ser engraçada demais. Mas, às vezes, era assustadora.

– Assustadora?

– Ela... Bem, ela perdia as estribeiras, e aí, nossa, era melhor sair da frente.

– Será que você passava muito tempo tentando garantir que ela não perdesse as estribeiras?

Pippa me olhou, intrigada. Tentei explicar melhor:

– Assumindo o controle, sendo mãe *dela*. E cuidando para que *ela* ficasse calma.

Pippa fez um gesto afirmativo com a cabeça.

– Sim. Era isso mesmo. Na mosca. Eu fazia qualquer coisa para mantê-la calma. Lembro uma vez que ela se enfureceu de verdade por causa das formigas na cozinha. Ficou pulando pra lá e pra cá, jogando água quente por tudo quanto era lado. – Pippa riu.

– Parece mais assustador do que engraçado – comentei, com um sorriso pesaroso.

– É, é verdade. Meu irmão se queimou. Eu disse ao homem da ambulância que tinha sido eu... que tinha jogado água quente. – Ela deu de ombros.

Ao longo da sessão, Pippa me disse que a mãe tinha morrido de repente de sepse. Tinha ido ao médico com uma dor forte no braço, mas lhe disseram que era uma distensão muscular. Três dias mais tarde, ela morreu no hospital. Depois disso, aos 12 anos, Pippa se tornara a "mãe mirim" da família. O pai se ausentava e a deixava encarregada dos irmãos. E ela se tornou uma mãe-soldadinho que protegia a "ninhada".

– Quando você disse ao homem da ambulância que você tinha queimado seu irmão, acho que estava tentando proteger sua mãe. E talvez tentando mantê-la na sua mente como uma boa mãe. Acho que faz a mesma coisa com a Claudine. Você tenta mantê-la como uma boa esposa na sua cabeça.

– Ela é boa, Susanna. É só meio... – Buscou uma palavra. – Avariada.

Será que Pippa estava repetindo sua infância com Claudine e caindo num padrão de conduta que parecia familiar e conhecido? Nunca achei que a compulsão à repetição – na qual a pessoa vive repetindo algo porque esse algo é conhecido – fosse uma teoria satisfatória. E a seleção natural certamente teria retirado esse hábito de nós no correr da evolução, não teria? Mas no cerne de todo o meu trabalho há o reconhecimento de que as pessoas *realmente* parecem escolher parceiros cuja experiência infantil faz eco à delas próprias. Por que será? Por que Pippa escolheu Claudine – alguém que, embora fosse cativante em muitos aspectos, exigia dela justamente o tipo de devoção e atenção que a mãe tinha exigido? Ela deveria ter saído correndo, não? Deveria ter encontrado alguém que cuidasse *dela*, concorda?

* * *

Logo depois daquela sessão, consegui encontrar uma boa colega para trabalhar com Claudine. Falamos de como era importante que ela fizesse sua própria terapia e, naquele momento, ela parecia estar pronta. Começou a fazer duas sessões semanais com sua terapeuta e não demorou muito para que isso mudasse as coisas.

– Estou achando que essas sessões já não estão me ajudando. Acho que devemos parar de vir – anunciou Claudine, de repente, num dia de outono, no início de nossa sessão.

Pippa, que ainda estava tirando a jaqueta de brim azul, levou um susto.

– Você não me disse isso. Não pode simplesmente decidir isso sozinha! Não quero parar de vir, Claudine.

– Bem, continue *você* com a Susanna. *Eu* não tenho que continuar. Agora tenho minha própria terapeuta.

– Talvez três sessões por semana pareçam um pouco demais, não é, Claudine?

Antes que ela pudesse responder, Pippa, pegando minha deixa, voltou a entrar depressa na conversa.

– Se for demais, benzinho, podemos parar. Desculpe. Não quero que você se sinta pressionada por mim. Você já está muito sobrecarregada, lidando com um monte de coisas.

– Por que você não quer continuar sozinha? – perguntou Claudine.

Pippa inclinou a cabeça, olhou para mim e de novo para ela, como se considerasse a ideia.

– Para quê? Talvez a gente deva *mesmo* parar. Ou parar por um tempo, quem sabe? – E tornou a olhar para mim, verificando minha reação.

– Vocês estão dizendo que já não existe um problema no relacionamento de vocês? Ou que os problemas, na verdade, eram só da Claudine?

Pippa fez que sim, mas sem grande entusiasmo.

– Já conversamos sobre como a Pippa tem sido uma substituta materna para você, Claudine, mas, agora que você começou com sua própria terapeuta, talvez tenha a sensação de que já tem cuidados maternos o suficiente, não é? E talvez vir me ver signifique ter mães demais, é isso?

Claudine riu e fez que sim com a cabeça.

– Talvez, talvez. Só não quero ser sempre aquela que é o centro das atenções, entende?

Depois disso, investigamos o que significava ser o centro das atenções em casa e na terapia comigo. Claudine reconheceu gostar que Pippa cuidasse dela, mas não gostava que ela não a levasse a sério. Reclamou que Pippa lhe dava ordens e que, depois, as duas brigavam a respeito de quem tomava as decisões em relação a Milly. Escutei com atenção e me lembrei da cena que havia testemunhado em frente à minha janela. Claudine parecia ter começado a reconhecer que, além dos benefícios, havia um custo em ser a criança naquele relacionamento.

Por fim, eu disse que, embora pudesse parecer que a solução dos problemas de Claudine resolveria os do casal, eu achava que na dinâmica entre as duas havia uma coisa importante com que elas precisavam lidar.

– A minha terapeuta acha que a Pippa tem uma porção de problemas. Não sou só eu. É como se apenas eu precisasse mudar. E você, Pippa? – disse Claudine, lançando um olhar furioso para mim.

– Você acha que eu tenho tentado transformar *você* no problema? Livrando a cara da Pippa? – perguntei.

– Bem, meio que sim. Sei que agora você está falando que as coisas dizem respeito às duas. Mas, em geral, não era isso que você dizia – respondeu Claudine em um tom seco.

Tive que admitir para mim mesma que, provavelmente, havia certa verdade naquilo. Eu não gostava muito dela – ou melhor, não a aprovava. Sabia que isso não era correto, que eu não estava sendo imparcial nem justa, mas era difícil. Ela se mostrava muito arrogante e egoísta, e Pippa, apesar de ser esquiva em alguns aspectos, era alguém de quem era muito mais fácil gostar.

Não chegamos a nenhuma conclusão naquela sessão e elas se retiraram, combinando voltar na semana seguinte para continuarmos a conversa. Fiquei irritada. O lampejo de raiva que senti de Claudine me parecia, naquele momento, dirigido às duas. Foi como se elas estivessem lavando as mãos da terapia e de mim e como se as coisas fossem continuar como antes, sem nenhum desejo de qualquer mudança real. Fiquei impressionada em ver quão rápido Pippa tinha voltado a negar suas próprias necessidades e corrido para proteger Claudine, mesmo quando ela se portava como uma criança mimada e egoísta.

Dois dias depois, recebi um e-mail de Pippa:

Cara Susanna,
Espero que esteja bem. Estou passando para dizer que decidimos fazer uma pausa na terapia. Acho que você acertou em cheio ao dizer que Claud devia estar sobrecarregada; assim, por enquanto, acho que devemos parar. Agradeço muito por toda a ajuda que você nos deu num momento muito difícil. Somos realmente gratas.
Pippa

Por que alguns casais se mantêm firmes na terapia, enfrentando toda sorte de dificuldades, enquanto outros se afastam? Percebi que possivelmente eu tinha me concentrado demais em Claudine e seus problemas e, inconscientemente, rotulado-a como a paciente "enferma", enquanto Pippa era sua vítima. Era compreensível que ela estivesse farta da sensação de ser sempre a errada, mas por que Pippa também decidiu recuar? Seria a ideia de mudança? Estaria a terapia começando a desvendar o conluio entre as duas e isso teria despertado resistência? Embora o ônus de cuidar de Claudine fosse considerável, Pippa, em seu papel de adulta, sentia-se forte e no controle da situação. Embora suas necessidades ficassem em suspenso, ela podia se distanciar de sua própria fragilidade infantil, sendo uma mãe amorosa, ainda que, às vezes, fosse controladora e mandona.

Pensando nisso, recordei a caminhada que tinha feito no fim de semana anterior, na zona rural, fora de Londres, com uma amiga agitada e bastante urbana. Estávamos conversando quando chegamos a um campo cheio de vacas. Minha amiga relutou em continuar – ela detesta vacas, tem pavor delas, e tratou de me dizer que as vacas de hoje, por causa da criação, são muito mais perigosas do que as de antigamente. Elas não são animaizinhos de olhos meigos, com uma sineta encantadora pendurada no pescoço; aquelas vacas, disse ela, eram feras nervosas e imprevisíveis, por isso tínhamos de encontrar outro caminho para atravessar o campo. Mas não havia outro caminho, nenhum desvio nem rota alternativa. Ou atravessávamos aquele campo, ou teríamos que voltar e desistir do agradável almoço que nos esperava num pub ao final do trajeto. Embora eu não seja corajosa nem atlética, as súplicas ansiosas dessa minha amiga fizeram com que eu me sentisse forte e decidida. Eu me concentrei, empreguei um tom de quem entendia do assunto para tranquilizá-la e atravessamos o campo a passos rápidos, saindo do outro lado. Eu me senti triunfante e destemida; todo o meu próprio nervosismo tinha se evaporado, tamanha a firmeza que eu havia projetado nela.

A fragilidade de Pippa estava alojada em Claudine e, ao cuidar de sua companheira como se ela fosse um bebezinho desamparado, Pippa também cuidava indiretamente de si mesma. Mas, apesar de termos começado a compreender as causas subjacentes aos vícios de Claudine e de eu ter começado a explorar o papel de Pippa nessa questão, eu ainda me perguntava se as mentiras de Claudine seriam perdoáveis e, caso fossem, o que possibilitaria um verdadeiro perdão. Claudine tinha deixado Pippa se preocupar com ela e marcar consultas médicas, ignorando a dor e a angústia que estava criando. Tinha visto dar tudo de si para mantê-las sob um teto, esforçando-se para cuidar de todas elas, enquanto, durante todo aquele tempo, ela abusava das drogas em segredo. E, durante todo o tempo em que frequentou a terapia, nunca pediu desculpas de verdade.

Os psicoterapeutas são treinados para não assumir posturas moralistas. Precisamos permanecer curiosos e receptivos, mesmo na presença de uma grande imoralidade. Isso não quer dizer que a terapia psicanalítica seja amoral; aliás, um dos objetivos da psicanálise é ajudar os pacientes a confrontar abertamente sua destrutividade e, no devido tempo, assumir a responsabilidade pelos danos causados. Eu não tinha conseguido ajudar Claudine a enfrentar a mágoa que ela havia causado e não tinha conseguido ajudar Pippa a esperar algum arrependimento genuíno. Eu tinha a sensação de que Pippa faria o melhor possível para ficar com Claudine, fossem quais fossem as consequências, mas, como resultado, elas não seriam mais próximas nem confiariam mais uma na outra.

* * *

Como é, *de fato*, que os casais se recuperam bem das grandes traições? Será que isso é possível, será que é sensato? Antes de mais nada, é preciso existir o reconhecimento de que *houve* uma traição e de que há um sentimento concomitante de remorso a respeito dela. É preciso pedir desculpas. Depois, pedir desculpas novamente, falando sério. Já vi casais em que a traição foi revelada e as mentiras, expostas, mas o traidor continuou a negá-las. O traidor não consegue enfrentar e reconhecer sua culpa e por isso deixa a outra pessoa não apenas com o trauma de ter sido enganada, mas também com a dor adicional que vem de não ter esse trauma reconhecido. Nessa situação, a mágoa não pode ser curada e o casal não consegue recuperar o sentimento de confiança. Restabelecer a confiança leva tempo; um parceiro precisa de meses e até anos de bons momentos com a pessoa amada para aparar aos poucos as arestas da dúvida e da incerteza. Precisa acreditar que a traição não vai se repetir, que ficou para trás ou foi um acontecimento único. O restabelecimento de uma boa vida sexual também ajuda, porque uma vida sexual que não chega a ser satisfatória é uma razão muito comum para as pessoas procurarem casos extraconjugais, para começo de conversa. Por último, notei que os casais que se saem melhor após uma traição são aqueles que desenvolvem juntos uma narrativa a respeito do "porquê". Esses casais assumem de forma conjunta a posse das causas que estiveram na raiz da traição, reconhecendo que o relacionamento estava abalado antes mesmo da infidelidade e vindo a compreender que o caso extraconjugal foi um sintoma desses problemas.

PARTE TRÊS

Carne da própria carne

> Vem, ó criança humana,
> Para as águas e a mata virgem
> A fada há de te levar pela mão
> Pois há no mundo mais pranto do que
> alcança tua compreensão.
>
> — W. B. YEATS, "The Stolen Child",
> *The Wanderings of Oisin and Other Poems*

A carne da própria carne é violenta – como a vida familiar. A vida familiar começa depois que termina o conto de fadas. Embora muitos casais venham a viver felizes, eles não viverão *sempre* felizes. Não existe um "para sempre" nessa felicidade.

Ter ou não filhos costuma ser o maior dos problemas mais comuns. Eles são desejados e necessários, mas são também dependentes, e por muito, muito tempo. Ter filhos é a parte mais desafiadora de ser um casal, pois ser um pai e uma mãe suficientemente bons significa sacrificar-se; significa abrir espaço para deixar mais alguém entrar. Significa nos encontrarmos com partes de nós mesmos há muito enterradas na infância – de que outro modo saberíamos o que nossos filhos sentem, ou do que necessitam?

E as famílias? Parece que precisamos delas para florescer. Elas nos dão sustento, nos dão um lugar e formam nossa identidade. A família liga nosso passado ao presente e detém a chave de nosso futuro. A família é o lugar onde podemos tentar elaborar o passado e consertar nossa dor, bem como todas as dores e lutas de nossos ancestrais, numa sequência de gerações a perder de vista.

Bina e Shapiro fazem um filho como que por encanto

O e-mail de Bina solicitando uma terapia de casal foi particularmente educado. Em todas as comunicações, ela conseguia transmitir a ideia de que era uma pessoa atenciosa e respeitosa. Foi muito compreensiva quando eu disse que, no momento, estava com a agenda cheia, e pareceu perfeitamente satisfeita em esperar uma consulta. Assinava seus e-mails da seguinte forma: *Minhas mais cordiais saudações, Bina* ♥. O coraçãozinho parecia um exagero, mas, ainda assim, fiquei ansiosa para conhecer esse casal.

Bina e o marido, Shapiro, chegaram pontualmente – um casal simpático, bem-vestido e falante, que me abriu um sorriso caloroso quando fiz um gesto para que entrasse em meu consultório. Pedi que me falassem um pouco sobre a razão de estarem ali e eles voltaram a sorrir e se entreolharam, para combinar quem começaria.

– Boa pergunta – disse Shapiro, em tom de aprovação, apontando o dedo para mim. – Vou tentar resumir. Acho que tem três pontos que precisamos abordar. – Olhou para Bina, que concordou com um aceno de cabeça. – Um – começou, levantando o polegar. – Como e quando vamos ter um filho? Dois. – Levantou o indicador. – O que queremos dizer com tempo "a dois" e como chegaremos a um acordo a esse respeito? E três, como vamos negociar o equilíbrio financeiro e de cuidados domésticos entre nós ao começarmos a formar nossa família? Em outras palavras, Susanna, precisamos que *você* nos ajude a chegar a uma "versão dois-ponto-zero" desse relacionamento, e precisamos de resultados positivos rápidos. Não queremos perder tempo nem energia com isso e já trabalhamos para pensar nas perguntas certas. Precisamos apenas que você nos oriente na direção correta. Não é isso, meu bem?

Shapiro parou e olhou para Bina, que, mais uma vez, sorriu e assentiu com a cabeça. Em seguida, Shapiro, elegante em seu terno cinza, com o cabelo meio grisalho combinando, reclinou-se no assento e esperou que eu apresentasse um plano.

Dificilmente eu fico sem palavras, mas admito que Shapiro conseguiu me deixar muda. Fiquei desapontada com aquilo e quase sem entender do que ele estava falando. Tudo o que pude sentir foi o poderoso desejo deles por uma solução rápida, coisa que eu sabia que era incapaz de lhes oferecer.

– Você parece estar dizendo que, ao me procurar, vocês concordam quanto ao que desejam, e creio que parte disso tem a ver com uma transição de vida que estão querendo fazer, é isso? Vocês dois querem ter filhos?

Os dois fizeram que sim.

– Podem me falar um pouco mais sobre o que tem acontecido entre vocês nos últimos tempos? Vocês andaram discutindo? Há coisas em que não concordam? Será essa a razão de terem decidido me procurar?

Mais uma vez, eles se entreolharam para ver quem responderia à minha pergunta, e tive a sensação repentina e peculiar de estar num salão de conferência em que eles, os palestrantes, ouviam as perguntas da plateia, no caso eu.

– Acho que procuramos você por causa da sua reputação. Pesquisamos sobre isso com muito critério e o seu nome não parava de aparecer. Tentamos uma outra terapeuta, mas ela estava sem horário, de modo que você foi a segunda na nossa lista. – Shapiro me abriu um sorriso largo, como se me parabenizasse por meu sucesso. – Não queremos perder tempo aqui. Queremos organizar as coisas e pôr uns acordos na mesa... se você concordar em seguir assim.

Fiquei pasma. Aquilo me pareceu uma mistura complexa de adulação e controle, que eu não sabia muito bem como abordar. Não falei nada e percebi que Bina começava a achar a situação incômoda, olhando nervosamente de mim para Shapiro, como se esperasse um problema surgir.

– É difícil "negociar" as coisas no seu relacionamento, Bina? – eu me dirigi a ela.

E então Bina começou a falar, primeiro com hesitação, mas aos poucos explicando que Shapiro queria que eles tivessem um filho, mas que ela não sabia dizer se aquela era a hora certa para ela. Acabara de mudar de emprego e receber uma promoção, e agora estava prestes a fechar uma grande aquisição. Precisava que essa negociação fosse concluída antes de tirar uma licença. Achava que não poderia engravidar antes de março do ano seguinte.

– Eu disse para você, meu bem, que em março não vai dar certo. Vamos inaugurar o escritório de Nova York e não estarei disponível. Se fizermos isso agora, vai ser muito melhor para mim, e vamos torcer para que você consiga fechar o acordo ali pelo Natal. Isso significa que o neném chegaria em maio, eu estaria com o escritório de Nova York funcionando e você poderia tirar uma licença no verão.

Escutei perplexa. Bina e Shapiro pareciam estar vivendo a ilusão de que era possível planejar com exatidão a chegada de um bebê, como quem cozinha um ovo.

– Parece que pensar em ter um filho é algo repleto de

complicações e desafios para vocês. E me pergunto se essa programação que vocês estão fazendo não seria uma forma de lidarem com a incerteza de tentar ter um filho.

Os dois me olharam, atônitos:

– Na verdade, ainda não começamos a tentar – respondeu Bina. – Mas no ano passado eu engravidei de surpresa, então sabemos que é possível.

– É. Não temos nenhum problema a relatar nessa área! – disse Shapiro, animado.

– Vocês interromperam a gestação? – perguntei, com delicadeza.

– Interrompemos. Foi complicado. Mas foi a decisão certa na hora certa – disse Shapiro, e não disse mais nada.

Nenhum dos dois parecia haver considerado, conscientemente, que engravidar podia não ser uma coisa tão simples, de modo que, no restante da sessão, tentei compreender as preocupações deles a respeito de se tornarem pais, dando algum espaço para eles explorarem seus sentimentos em relação a isso e ao aborto que tinham feito no ano anterior. Foi como empurrar areia morro acima, e senti que Shapiro achou minhas perguntas não apenas duras, mas incômodas. Ele queria que eu participasse da "negociação de um acordo" entre os dois, e não via utilidade em explorar o passado ou o que sentiam a respeito dele. Ao final da sessão, todas as minhas tentativas de fazer o casal pensar e sentir tinham sido repelidas. Eu achava que não os veria de novo. A meu ver, eu tinha passado de segunda melhor opção para o fim da fila – de mágica a trágica, na avaliação deles.

Na manhã seguinte, entretanto, recebi este e-mail:

Olá, Susanna.
Adoramos a sessão de ontem e gostaríamos de combinar

mais cinco sessões com você. Nosso único problema é que na semana que vem estarei nos Estados Unidos e, na seguinte, o Shapiro estará em Paris. Por isso, gostaríamos de começar daqui a três semanas. E será que podemos nos encontrar às 17h30, em vez de às 17h? Por último, se reservarmos cinco sessões, você dá algum desconto?
É ótimo trabalhar com você.
Bina ♥

Respondi em tom firme, embora de forma educada, que não poderia recebê-los às 17h30, que não trabalhava com um número específico de sessões e não oferecia descontos, mas poderia reservar o horário da sessão para eles por duas semanas. Eu estava começando a ficar intrigada com aquele casal. Ficou claro que eles realmente gostavam de achar que estavam com tudo arranjado e sob controle. Seriam capazes de se adaptar a uma terapia comigo? Eu duvidava. Mas quem sabe eu conseguisse ajudá-los a se tornarem um pouco menos práticos e mais reflexivos?

Três semanas depois, lá estavam eles de volta. Mais uma vez, sorriram largamente ao entrarem e Shapiro estendeu a mão para me cumprimentar. Eu o cumprimentei rapidamente e esperei que os dois se acomodassem no sofá. Bina estava muito bem arrumada; seu cabelo preto e lustroso brilhava como se ela tivesse acabado de sair do cabeleireiro, e sua pele escura parecia ter sido polida. Ela era bastante magra e tinha as mãos e as unhas bem tratadas e pintadas com esmero, com duas alianças de brilhantes decorando o dedo anular.

Os dois me olharam com expectativa, como se eu estivesse prestes a abrir um saco de truques mágicos, mas, ao prosseguirmos, nossa conversa ficou titubeante – cada via que eu tentava explorar estava bloqueada e cada ideia que eu oferecia não funcionaria. O meigo refinamento que eles haviam mostrado na primeira sessão parecia ter evaporado. Por fim, eu disse:

– Para vocês, talvez seja desconfortável precisar da minha ajuda... de qualquer ajuda, na verdade. Meu palpite é que vocês estão acostumados a lidar sozinhos com as coisas, cuidar logo delas, resolver as questões e seguir em frente. Mas isso, o relacionamento de vocês, talvez seja algo diferente, não? Talvez seja algo que precisa de um tipo diferente de abordagem. Uma abordagem que envolva conversar sobre coisas que vocês costumam evitar e sentir coisas que vocês não têm o hábito de se deixar sentir, estou certa?

Um pouco antes de eu terminar, Shapiro me interrompeu:

– Acho que você tem razão, Susanna. Talvez precisemos mesmo fazer um estudo minucioso aqui.

Tentei ignorar seu jargão do mundo dos negócios – podia ser que, à sua maneira, ele estivesse reconhecendo que os dois vinham bloqueando qualquer exploração. E então notei que lágrimas corriam pelo rosto de Bina.

Shapiro se inclinou, pegou a caixa de lenços de papel e a sacudiu na direção da esposa, para que ela a segurasse. Bina estava alheia ao marido, perdida em seus pensamentos, e por isso ele pôs de qualquer jeito os lenços no divã ao lado dela. Parecia desajeitado e nervoso. Esperamos.

– Desculpe, desculpe – disse Bina, pegando um lenço de papel e assoando o nariz. – Não sei por que estou chorando. Acho que é porque, às vezes... – Fez uma pausa e olhou atentamente para Shapiro. – Às vezes isso parece um caso perdido.

– Um caso perdido? – perguntei.

– Não vejo como fazer o Shapiro feliz. Ele parece muito seguro de tudo e acho que eu não sou assim. Eu quero um filho... acho. Mas não tenho certeza se levo jeito para fazer essas coisas de mãe *e* trabalhar. Minha mãe não trabalhava fora e *vivia exausta*. Mesmo com uma porção de empregados em casa. Simplesmente não vejo como vou conseguir administrar tudo isso.

– Vamos ter empregados, é claro que vamos ter empregados. Podemos ter duas babás, se você quiser. Ter empregados não é o problema. Sei que a sua carreira é a coisa mais importante. Não se preocupe com isso – disse Shapiro, tentando tranquilizá-la.

Bina então começou a falar longamente de sua carreira e do que ela significava. Ficou claro que era bem-sucedida e muito motivada, apesar de ter deixado a escola aos 17 anos. Por sua descrição, tive a impressão de que sua vida inteira se centrava no trabalho. Ela falou dos anos e anos de labuta exaustiva para provar seu valor, e que agora sabia que era extremamente competente no que fazia.

Comecei a me perguntar se Bina e Shapiro vinham descobrindo que estavam em fases diferentes de desenvolvimento, e se isso poderia representar um perigo para seu relacionamento. Os dois pareciam compartilhar a mesma cultura, na qual o trabalho árduo e as conquistas que ele trazia tinham sido o mais importante. Ficou claro que tinham investido bastante em suas carreiras e que Bina agora se perguntava se esse investimento estava sendo ameaçado. Shapiro, por outro lado, parecia tratar o "projeto" do bebê quase como uma espécie de desafio profissional, e queria seguir adiante apesar das inseguranças de Bina. Achei que eles estavam claramente discordando e que sua visão compartilhada do futuro começava a se desarticular.

As diferenças de desenvolvimento são razões comuns para os casais buscarem ajuda, e ver o parceiro ou a parceira mudar de sentimentos, desejos e ideias pode ser extremamente atordoante. Quando os interesses, as opiniões e as necessidades da pessoa amada subitamente mudam, isso pode ameaçar o *status quo*. São inúmeros os fatores capazes de criar esse desenvolvimento desigual, mas planejar filhos e tê-los costuma ser o maior desafio de um casal. A gravidez, o parto, a amamentação e as realidades da função parental desencadeiam mudanças físicas, psicológicas e de vida capazes de fazer os parceiros discordarem, na medida em que cada um expressa necessidades e expectativas diferentes.

Na saída, Shapiro parecia abalado e de mau humor. Eu tinha feito um último comentário, que questionava se eles estariam desejando coisas bem diferentes, e tive a nítida impressão de que ele não gostou daquilo nem um pouco. Eu gostava de Shapiro, mas, embora ele achasse que estava dando a Bina tudo o que ela desejava, e embora acreditasse estar tranquilizando a esposa ao dizer que tudo correria bem, tive a impressão de que, na verdade, ele não a escutava.

Shapiro e Bina continuaram a comparecer pontualmente às sessões seguintes, mas, apesar disso, parecia que continuávamos sem chegar a lugar algum. Vez ou outra eu tinha uma boa sensação de ter estabelecido uma conexão com Bina, mas, em seguida, quando tentava me aproximar mais, era como se ela encontrasse um jeito de me afastar. Para mim, foi ficando mais claro que qualquer tipo de intimidade era um desafio e, sempre que eu achava que ela estava ficando mais disponível em termos afetivos, de repente ela se tornava totalmente sarcástica ou ríspida.

Na primeira ou segunda sessão, sempre peço aos meus pacientes que me falem um pouco de sua infância. Não raro, entretanto, são necessários muitos meses, ou até anos, para que eu tenha uma imagem fiel deles, à medida que aos poucos vão se lembrando de mais coisas, confiando mais em mim e enfrentando os elos entre o passado e suas dificuldades atuais.

Não foi diferente com Bina e Shapiro. Pedi aos dois que me falassem de sua vida familiar na infância e eles me atenderam, mas, estranhamente, me descobri incapaz de recordar qualquer detalhe que eles haviam relatado. Ao examinar minhas anotações, vi que também eram vagas. Curiosamente, em vez de digitar as anotações, eu as tinha escrito a lápis, e minha letra estava indistinta e confusa. Eu sabia que eles tinham me falado de infâncias felizes, com pais cujo casamento era igualmente feliz. Sabia que ambos tinham irmãos, embora não tivesse certeza de quantos. Sabia que os dois tinham ido para o colégio interno, mas não havia anotado com que idade. Em resumo, apesar de termos tido seis sessões, era como se eu não os conhecesse de verdade. Seria por uma falha minha? Eu não estava prestando atenção? Ou será que isso refletia a falta de conexão que eles estabeleciam com eles mesmos, um com o outro e comigo? A vida deles era atarefada, mas parecia completamente desprovida de cor. As anotações desbotadas a lápis pareciam resumir como aquelas vidas eram indistintas e vazias.

Eu sabia algumas coisas importantes, de observar como eles me tratavam e como tratavam o trabalho que eu tentava ajudá-los a fazer. Percebi que detestavam o tipo de terapia que eu oferecia. Ficavam incomodados com minha convicção de que precisávamos manter tudo aberto à exploração, em vez de termos um objetivo específico. Não era como as reuniões com que eles estavam acostumados – não havia cronograma nem propostas de ação – e pude perceber que eles achavam isso frustrante e confuso. Que tipo de experiência infantil, eu me perguntei, teria levado a essa rigidez assustadora? Era como se eles tivessem sido instruídos a desconfiar do mundo dos afetos e desestimulados a levar a sério seus sentimentos. Como resultado, guardavam uma distância emocional de mim, um do outro e, ao que parecia, até deles próprios. Ao longo das sessões, embora eles não dissessem isso diretamente, eu soube que os dois desconfiavam cada vez mais de minha abordagem. Queriam livrar-se de mim e de sua necessidade de mim.

A sexta sessão chegou e me perguntei o que aconteceria a partir dali. Parecia cada vez mais provável que eles se ateriam ao projeto original de ter apenas seis sessões, apesar de eu achar que precisavam de muito mais do que isso. Visto que costumavam ser muito pontuais, quando o ponteiro maior do relógio passou da hora e ultrapassou os dez minutos, tive certeza de que não voltariam. Fiquei lá sentada, bastante decepcionada. Tinha sido um trabalho árduo fazê-los se engajar e eles tinham resistido a todas as minhas tentativas de fazer com que se abrissem, mas eu era receptiva aos dois e ainda achava que poderíamos fazer um trabalho útil juntos. No entanto, eu sabia que as sessões tinham sido incômodas para eles, de modo que não era de surpreender que tivessem abandonado o processo. Mas era estranho não terem me avisado. Eram sempre muito educados e profissionais. Será que houve alguma confusão? Será que eles achavam que tinham completado o número de sessões e que a terapia parava ali? Eu achava que estávamos na sexta sessão, mas quem sabe se eles achavam que a sessão da semana anterior tinha sido a sexta? Eu estava pensando em tudo isso, tendo já começado a escrever um e-mail, quando a campainha tocou e me tirou com um susto do meu devaneio.

Segundos depois, Shapiro cruzou minha porta.

– Sou eu, espero que não tenha problema. Tem? – disse, enquanto tirava o paletó. – Acho que a Bee não vem. Esperei por ela no fim da rua, e ela nunca se atrasa. Tentei telefonar... e mandei uma mensagem – explicou, olhando com ansiedade para o celular.

– Então você estava esperando por ela? – perguntei.

– Hmm. Não sei direito. Ela tem uma apresentação importante amanhã, deve estar presa no trabalho. E, para ser bem franco, ela não estava fazendo questão de vir. Disse que não adiantava vir à última sessão. Nada ia mudar. – Deu de ombros e tornou a olhar para o celular, que nessa hora fez um bipe, anunciando uma mensagem. – Ela está dizendo que não vem – informou, levantando a cabeça. – Será que também devo ir embora? Não adianta muito eu estar aqui sem ela, adianta?

Ouvi a pergunta como um apelo a mim e achei que ele estava indicando que não queria ir embora, que queria falar.

– Quem sabe você não se sinta mais confortável de dizer algumas coisas sozinho? – perguntei.

Em resposta, Shapiro se reclinou no divã, ficando mais à vontade.

– Eu queria mesmo perguntar uma coisa para você.

Esperei, pacientemente, observando a incerteza percorrer seu rosto. Passado um breve intervalo e após alguns comentários gerais, ele começou a falar de seus relacionamentos anteriores. Lembrou que era nove anos mais velho do que Bina e que, enquanto ela nunca estivera num relacionamento sério até então, ele já fora casado. Tinha medo de que a história estivesse se repetindo, mas no sentido inverso. Quando fiz um ar intrigado, ele explicou que seu primeiro casamento havia terminado porque ela queria ter filhos e ele, não. Os dois haviam passado meses brigando por causa disso e, depois, apesar da relutância dele, a esposa tinha engravidado. No começo, ele ficou nervoso e com raiva, mas, quando estava começando a se acostumar com a ideia, depois de treze semanas, a esposa sofreu um aborto espontâneo. Depois disso, tudo passou a dar errado entre os dois, que decidiram seguir caminhos separados. Agora, ela estava casada com um antigo amigo dele dos tempos de escola, e os dois tinham uma porção de filhos. Shapiro brincou que ela estava tentando formar um time de rúgbi, e tentou dar uma risada, mas parecia triste e arrependido ao contar aquela história. Passamos um tempo sentados em silêncio e lamentei não ter conseguido ajudá-lo a me falar daquilo antes. Era o primeiro vislumbre de alguma coisa mais real e vulnerável. Será que era mais seguro ele me contar aquilo sem a Bina por perto? Era mais fácil para ele se abrir mais por aquela ser a última sessão?

– É impressionante não termos falado disso antes, porque é óbvio que é muito importante. A Bina sabe disso? – perguntei.

– Sabe, sim, com certeza. Quero dizer, falamos sobre como nenhum de nós fazia questão de ter filhos logo no começo do relacionamento. Mas depois, bem, mudamos de ideia... ou, pelo menos, achei que tínhamos mudado de ideia. – Shapiro deixou a fala morrer. Parecia deprimido. – Você acha que devo desistir? Digo, de ter filhos? Não quero que terminemos por causa disso. Talvez eu tenha forçado a Bee um pouco demais. Está na hora de pisar no freio, de dar ré?

– E o que você faria com a sua parte que realmente quer ter um filho?

Ele pareceu inseguro.

– O que eu noto, Shapiro, e já disse isso antes, é que você realmente parece não gostar de incertezas. Está sempre se pressionando a tomar uma decisão, agir, decidir, quando talvez ainda seja necessário pensar, não é?

Ele assentiu com a cabeça e começou a falar de seu trabalho e de como seu gosto por soluções havia criado problemas para ele em algumas ocasiões. Estava começando a se dar conta de que, como patrão, às vezes era melhor não fazer nada.

– Tem um sujeito que trabalha para mim e dirige um grande projeto de TI que estamos desenvolvendo. Ele entra no meu escritório pelo menos uma vez por dia e fica matraqueando sobre o que quebrou, ou o que não funciona, ou quem não está fazendo o trabalho que deveria, ou... bem, é um problema atrás do outro, e isso vem realmente me irritando. Eu me acabo de trabalhar para solucionar esses problemas e então, no dia seguinte, bum! Já foi tudo resolvido, mas não da maneira que sugeri. E me dei conta, nessas duas últimas semanas, de que ele não precisa que eu faça nada, que resolva nada para ele, só precisa que eu... escute.

– Será que você também não está falando do que precisa de mim, dessa terapia? Não de uma solução, mas de um lugar para organizar suas ideias e seus sentimentos... Para que eu escute.

Meu comentário pareceu libertá-lo, porque, no restante da sessão, ele falou sem parar, como se uma represa tivesse rompido e ele pudesse finalmente explorar todas as preocupações e inquietações a respeito de seu relacionamento com Bina. Ao chegarmos ao fim, comentei que talvez eles precisassem de mais tempo para explorar juntos todas aquelas coisas e que deveríamos prosseguir.

– Eu gostaria muito, Susanna, mas acho que não consigo convencer a Bee.

– Bem, vou escrever para ela e sugerir que continuemos, e espero ver vocês na semana que vem, a menos que digam outra coisa.

Shapiro fez que sim, mas percebi a dúvida em seu rosto.

Não acreditei muito que eles voltariam na semana seguinte. Havia chegado à conclusão de que sua relutância em encarar uma psicoterapia mais profunda estava ligada ao medo de expor sentimentos dolorosos, que os faziam se sentir vulneráveis, mas torci para que minha sessão com Shapiro tivesse reduzido sua ansiedade e despertado curiosidade o bastante para permitir que ele a convencesse a voltar.

Eu estava errada.

Recebi um breve e-mail de Bina, dizendo obrigada, mas que achavam que seria inútil marcar mais sessões. Ela não acrescentou o coraçãozinho.

Quase um ano depois, recebi o seguinte e-mail de Shapiro:

Oi, Susanna.
 Espero que você esteja bem. A Bee e eu temos nos perguntado se você teria tempo para nos receber novamente numa sessão. Ela está grávida e gostaria de discutir uma questão ou outra com você.
 Cordialmente,
 Shappy

Na verdade, eu não tinha nenhum horário disponível, mas queria ver como eles estavam e por isso respondi sugerindo que nos encontrássemos dali a duas semanas.

Oi, Susanna.
 Muito obrigado por responder ao meu e-mail. Alguma chance de podermos dar uma passada para vê-la ainda esta semana? É meio urgente.
 Cordialmente,
 Shappy

Fiquei curiosa e um tanto apreensiva. Achei que poderia estar acontecendo alguma coisa muito séria para que ele fizesse aquele tipo de pedido. Mandei outro e-mail sugerindo recebê-los na sexta-feira, dia em que não costumava atender pacientes.

Fazia alguns minutos que eu tinha apertado o botão para abrir a porta e deixá-los entrar, e estava em pé do lado de fora do consultório, me perguntando para onde teriam ido, quando ouvi a voz de Bina na escada:

– Nossa, essa escada... – resmungou.

– Mais um andar – disse Shapiro, em tom animador.

Bina estava vermelha e suada. Parecia bem diferente da mulher refinada que eu havia conhecido no ano anterior. Usava um cafetã estampado por cima de uma legging, e suas sandálias rasteiras marrons deixavam à mostra os tornozelos inchados. O cabelo, grudado na testa, estava preso num coque malfeito com um grande prendedor roxo. Ela parecia desconfortável e infeliz.

Sentaram no divã, pegaram água nas bolsas e beberam avidamente. Bina perguntou se eu poderia abrir a janela e Shapiro se levantou para fazer isso. Havia qualquer coisa de pesada no ar. Eu soube que algo estava muito errado.

– Muito obrigado por nos receber hoje. Podemos começar? – Shapiro olhou para Bina, para confirmar se deveria começar, e ela fez que sim, com ar displicente, sem olhar para o marido. – Certo. Primeiro, precisamos dizer que aquelas sessões de antes com você foram certeiras, muito úteis. Nós dois sentimos que realmente fizeram diferença. Não é, meu bem?

Bina não respondeu.

– Começamos a tentar, logo depois de encerrarmos as sessões. No primeiro mês, não tivemos sorte. No segundo, pimba! E aqui estamos! O neném deve chegar em cinco semanas!

Shapiro me olhou com expectativa, mas eu não soube ao certo o que dizer. Tudo parecia muito encenado; seu entusiasmo parecia profundamente falso.

– Mas a gravidez tem sido meio complicada. A Bee anda... – Ele procurou a palavra certa. – Meio para baixo. Deprimida, será? – Deu uma olhada furtiva para Bina, que permanecia imóvel e sem reação.

Fez-se silêncio. Olhei para Bina, na esperança de que ela mesma dissesse alguma coisa, mas ela estava de cabeça baixa e, naquele momento, me pareceu inatingível.

Esperei. E esperei. Tive a forte sensação de que, se tentasse perguntar algo a Bina, ela ficaria ainda mais retraída. Ela precisava sentir que era sua a opção de se abrir comigo, que era seu o poder de falar ou não.

Assim, esperei mais um pouco, deixando-me vagar pelos meus próprios pensamentos enquanto estávamos sentados ali juntos em silêncio, até que a voz de Bina me trouxe de volta ao presente. Quando ela começou a falar, passou pela minha cabeça a ideia de que meu desligamento havia espelhado o seu.

– Não sei o que vocês querem que eu diga – declarou, apática.

– Explique à Susanna como você tem passado, como tem se sentido – instruiu Shapiro, e também fiz um aceno encorajador com a cabeça.

– Horrorosa. É assim que tenho me sentido. Um horror.

Foi preciso muito estímulo e muita paciência para que Bina revelasse o que estava acontecendo. Ela nunca tinha falado com ninguém sobre o que sentia em relação ao corpo e sobre sua dificuldade com a questão da alimentação. Disse que se sentia repulsiva, feia e sem controle, e afirmou que sua velha rotina de restrições alimentares e exercícios obsessivos simplesmente não era possível naquele momento. Ela vinha oscilando entre passar fome e se empanturrar, impelida por uma voracidade que nunca tinha sentido. Tinha a impressão de que não conseguiria continuar, de que se detestava e queria sumir. Não queria viver se tivesse que ser assim.

Com toda a delicadeza possível, perguntei se ela havia pensado em se ferir, ou até se tinha feito algum plano nesse sentido.

– Não. Eu não machucaria o bebê.

Bina parecia abalada. Como se tivesse acabado de entender a realidade de carregar um bebê. Eu me senti mais próxima dela do que nunca e tive um impulso intenso de me levantar e abraçá-la; havia algo de muito solitário e trágico em sua voz. Eu nunca vira realmente aquela parte de Bina, que havia ficado cuidadosamente escondida por trás da fachada lustrosa. Naquela hora, porém, ela parecia enfim conseguir reconhecer que estava mal, assim como reconhecer sua necessidade de ser cuidada e compreendida. E, ao fazer isso, ela me atraiu para mais perto.

– É muito bom você conversar com a Susanna, meu bem – disse Shapiro, e se virou para mim. – Andei realmente preocupado. A Bee simplesmente não tem sido ela mesma. Fico muito contente por ela ter dito o que está acontecendo. O que você acha que a Bee precisa fazer?

– Não tenho certeza de que seja uma questão de *fazer*, Shapiro. Primeiro, talvez seja uma questão de escutar, não?

– Ah, com certeza. Eu quero escutar. Mas será que a Bina deve consultar um psiquiatra? O que você acha?

– Talvez, mas, primeiro, vamos pensar um pouco.

No fim da sessão, acho que Shapiro estava aliviado, e consegui entender por que a urgência em me consultar. Sugeri que eu escreveria para o clínico de Bina e que talvez ela precisasse de uma ajuda individual, paralelamente ao trabalho de casal. Os dois escutaram com atenção. Consultei minha agenda e combinamos que eles voltariam na quarta-feira, às oito da manhã, o único horário que eu tinha disponível.

Falei com o médico de Bina e mandei um e-mail para uma colega especializada em distúrbios alimentares para ver se ela teria um horário para Bina e, na quarta-feira, achei que começaria a providenciar a assistência necessária para aquela jovem família.

Nesse dia, cheguei suada e com sede à Queen Anne Street; o metrô estava muito quente por causa do calor da véspera. Não tive tempo de dar um pulo na lanchonete para comprar um café e uma garrafa de água, então abri as janelas, pus uma caixa nova de lenços de papel na mesinha, verifiquei se havia papel higiênico no banheiro e me sentei para esperar.

Eles não apareceram. Não telefonaram nem enviaram mensagem. Verifiquei em vão o meu e-mail. Às 8h45, dei uma corrida até a lanchonete para buscar meu café e acrescentei um croissant ao meu pedido, como compensação por ter sido enganada.

O dia transcorreu sem maiores incidentes. Verifiquei meu celular entre as sessões, mas não havia nada de Shapiro nem de Bina. Na volta para casa, verifiquei mais uma vez e escrevi um e-mail curto para os dois, desejando que tudo estivesse bem e sugerindo que eles entrassem em contato.

A semana passou rapidamente e, tal como os rabiscos a lápis, meu interesse começou a minguar. Eu tinha feito o melhor que podia. Dei informações ao clínico geral e coloquei Bina em contato com uma excelente psicoterapeuta. Não havia mais nada que pudesse fazer.

É comum os psicoterapeutas terem que suportar a rejeição. Muitos pacientes, com medo da profundeza de sua carência, afastam com um tapa a mão que lhes é oferecida. Na maioria das vezes, o psicoterapeuta tem que oferecê-la de novo, e às vezes de novo, de novo e de novo – uma sessão após outra. O distúrbio alimentar secreto de Bina, em certos sentidos, nada tinha de surpreendente. Ela odiava sua carência a tal ponto que lutava contra a realidade de precisar alimentar seu corpo. Queria controlar essa parte sua, a fome que a fazia sentir-se fora de controle. Por meio da resposta do casal às minhas ofertas de ajuda, percebi que eu havia começado a compreender os medos deles, mas que aquilo era inútil se eles não aparecessem.

* * *

Estávamos em novembro, quase cinco meses depois, quando voltei a ter notícias deles. Mais uma vez, foi Shapiro quem me procurou, deixando uma mensagem amável em meu celular. Não havia pedido de desculpas e as informações eram poucas; ele apenas pedia educadamente para ser recebido. Ponderei se queria voltar a vê-los. Será que eu estava ressentida? Seria perda de tempo? Mas meu interesse (e minha curiosidade) superou minha relutância e ofereci aos dois uma sessão pelo Zoom na semana seguinte. Era só disso que eu dispunha.

Uma semana depois, sentei no meu consultório de casa e dei início ao encontro pelo Zoom, apenas um minuto antes da hora em que deveria começar a sessão. Olhei para mim mesma na tela e, notando o cansaço em volta dos olhos, peguei um batom da escrivaninha para dar uma animada. Em seguida, um bipe e lá estavam eles. Estavam sentados num grande sofá de veludo verde, atrás do qual havia um notável quadro abstrato. Tudo parecia confortável e organizado, sem sinal aparente de um bebê, até onde conseguia ver.

Sorri para os dois e comentei que fazia algum tempo que não nos víamos. Eles retribuíram o sorriso e agitaram-se ligeiramente enquanto decidiam quem começaria.

– Bem, temos um filho! Darsh. Quatro meses! – disse Shapiro, com a voz levemente tensa. – Tem sido... um desafio, mas estamos bem, acho. – E deu uma olhadela nervosa para Bina, que estava sentada passivamente ao seu lado.

O cabelo dela brilhava e caía suavemente ao redor do rosto,

mas ela estava abatida e parecia esgotada, e pude ver suas clavículas saltando do decote do macacão estilo jardineira.

– Parabéns. Como vocês têm passado? – perguntei, voltando o olhar para Bina.

– Não muito bem – respondeu ela. – O parto foi muito difícil, demorado. Acabei tendo que fazer uma cesariana. Passei 22 horas em trabalho de parto e daí eles ficaram preocupados com os batimentos cardíacos do bebê. Por isso, me levaram para uma cesariana de emergência, e em seguida tive uma infecção, então na verdade não fiquei muito bem na amamentação dele. Tive mastite quando voltei para casa, e me deram antibiótico para tomar, mas tive reação ao antibiótico, ou seja, tive que voltar ao hospital sem o Darsh. Ele é um menino encantador, mas não dorme muito... Estou exausta, para ser sincera.

Bina falou sem nenhuma pausa, as palavras jorrando da boca. Achei que parecia traumatizada, como se não conseguisse dar sentido a tudo o que havia lhe acontecido e ainda estava acontecendo.

Ela passou o restante da sessão contando os pormenores de tudo isso. A gravidez, o parto e os primeiros meses do bebê pareciam ter sido um trauma para Bina. Todos os seus jeitos habituais de lidar com os sentimentos e o corpo tinham sido desorganizados, e ela vinha tentando com afinco, mas sem sucesso, encontrar um novo equilíbrio.

Dessa vez, não houve rodeios nem desejo de limitar o número de sessões. Eles mergulharam de cabeça na terapia e fui como um barco salva-vidas para um par de crianças que estavam se afogando. Após umas duas semanas de sessões remotas, foi liberado um horário regular em meu consultório e combinamos que eles compareceriam pessoalmente.

Era um dia bastante medonho de inverno, escuro e coberto de gelo. Fazia um frio cortante. Eu mesma estava sem vontade de sair de casa e por isso duvidei que Shapiro e Bina enfrentariam as forças da natureza, mas às 16h a campainha tocou e, momentos depois, Bina entrou em meu consultório com um bebê no colo.

– Hoje a sessão vai ser só comigo. O Shapiro teve que ir a Leeds a trabalho. Desculpe – disse ela, enquanto tirava Darsh do suporte canguru e se desvencilhava das muitas camadas de roupa que estava usando para se proteger do frio. Não mencionou a presença do bebê nem a razão de tê-lo trazido à sessão, e eu também não perguntei nada.

Darsh ficou sentado passivamente em seu colo, de frente para mim, e o cabelo escuro ficou todo eriçado quando a mãe tirou a touca de lã azul dele. Ele me olhou atentamente – tinha grandes olhos castanhos – e enfiou a mãozinha fechada na boca. Dei um sorriso e ele franziu o cenho.

– Achei que você ia gostar de conhecê-lo – explicou Bina.

Darsh resmungou, choramingou um pouco e arqueou as costas, e uma expressão de pânico se espalhou de imediato no rosto da mãe.

– Não sei qual é o problema – disse ela, franzindo a sobrancelha. – Ele mamou antes de entrarmos aqui.

Examinou os fundilhos do macacão dele e disse:

– Não tem cocô. Devo dar de mamar a ele de novo?

– Será que hoje você gostaria que eu cuidasse de você e dele? – perguntei.

– Seria ótimo – respondeu ela, sorridente. – Estou exausta.

Darsh voltou a resmungar e franziu o rostinho, insatisfeito.

– O que foi, Darsh? O que você quer? – Sua voz tinha uma pontada de desespero. – Parece que nunca sei o que ele quer.

Mas, antes que ela pudesse elaborar seus pensamentos, os resmungos de Darsh se transformaram numa reclamação completa e ele desatou a chorar.

Bina parecia confusa. Ergueu o filho, levantou-se e começou a balançá-lo para cima e para baixo, sem jeito. Era excruciante assistir – ver como Bina estava desamparada e Darsh, perdido, sem uma mãe capaz de acalmá-lo. Seus gritos ficaram mais altos e o desespero de Bina aumentou, e ela me olhou com tanto sofrimento que senti as lágrimas arderem em meus olhos. Foi tão doloroso que tive vontade de segurar os dois no colo.

Não é preciso dizer que um psicoterapeuta deve ser capaz de mostrar empatia pelas pessoas. Naquele momento, enquanto observava a crise que se desenrolava entre Darsh e Bina, senti empatia pelos dois. Os gritos frenéticos de Darsh me perfuravam com sua necessidade premente, e o desespero desolado de Bina também me comoveu. O choro de um bebê mexe com nossas entranhas. É para isso que foi concebido – fomos feitos para reagir a esse desamparo, e a sobrevivência do bebê depende do que fazemos. Mas também sou mãe e sei como isso pode ser aflitivo; sei como a maternidade é difícil e como é doloroso se sentir desamparada diante de um choro desesperado.

O neurocientista italiano Vittorio Gallese descobriu que, quando temos empatia por alguém, sistemas neurais idênticos no cérebro das duas pessoas são acionados. É como se nosso cérebro trabalhasse para reproduzir os sentimentos da outra pessoa. Nessas experiências de identificação empática, nós nos ligamos a uma emoção que podemos ter tido no passado, mas que não é a nossa no presente. Por um momento, nós nos deixamos sentir o desespero do outro, o medo, a raiva, a alegria dele. Mas, quando nos perdemos nos sentimentos de outra pessoa, quando esses sentimentos nos impactam demais, não conseguimos ajudá-la – precisamos entrar nos sentimentos, estabelecer a ligação e separar nossas emoções das dela, tudo num piscar de olhos. Quando não conseguimos esse tipo de empatia com nossos filhos ou nossos parceiros, eles se sentem incompreendidos. E, embora isso pareça pouca coisa, é doloroso e alienante não ser compreendido por aqueles que amamos.

Será que, naquela tarde, eu estava assistindo às dificuldades de Bina em sentir empatia por Darsh? Acho que ela sabia que ele estava incomodado e insatisfeito, mas parecia pensar que não seria capaz de ajudá-lo a lidar com isso. Não é que não tivesse empatia em relação ao filho, mas sim sentimentos muito parecidos com os dele, talvez. Afinal, ela também estava desesperada e desamparada.

Darsh continuou a chorar e Bina continuou a balançá-lo. Por fim, eu me levantei e estendi as mãos para segurá-lo. Darsh se debateu freneticamente e arqueou as costas, mas eu o segurei com firmeza contra meu ombro, e ele começou a se acalmar. Bina se sentou e ficou olhando fixo, com a boca entreaberta e uma expressão vazia no rosto.

– Ele gosta de você – disse ela, com a voz débil.

– Você deve estar muito cansada – comentei, e ela fez que sim. Darsh se acalmou e eu o devolvi à mãe.

– Você se importa se eu der de mamar a ele? Tudo bem por você?

Ela levantou o suéter e vi Darsh estremecer de animação e buscar o mamilo dela, grudando nele com firmeza e ruídos altos de sucção.

– Pelo menos, agora a amamentação parece estar indo melhor. Quase desisti, mas a parteira disse que eu devia insistir – contou Bina.

Enquanto Darsh sugava ritmicamente, parecia que nós também entrávamos no ritmo. Ela falou e eu escutei. Contou de suas preocupações com os mamilos e disse achar que eles tinham o formato errado. Falou do medo de que Shapiro não achasse mais seu corpo atraente e disse que eles ainda nem tinham tentado transar. Contou que a mãe parecia ter medo de ajudar com Darsh e falou de quanto ficava decepcionada com isso. A mãe não conseguia compreender que ela achava tudo difícil, e ficava dizendo para ela arranjar uma babá. No entanto, apesar de ter certeza de que não queria uma babá, Bina realmente não conseguia entender por quê. Foi falando e eu escutei e, enquanto conversávamos, Darsh adormeceu junto ao seio dela, imóvel.

A maior parte da mudança que a terapia proporciona se dá por meio dessas conversas comuns – entra semana, sai semana. Os pacientes falam de sua vida, os casais discutem sobre quem vai arrumar a comida na geladeira, quem vai tirar o lixo. Se as pessoas mudam, tornando-se mais amorosas, mais receptivas umas às outras ou a si mesmas, é porque alguém as escutou. Alguém capaz de suportar ouvir tudo – o bom, o mau e até o feio.

Acho que ninguém havia realmente escutado Shapiro ou Bina até então. A defesa quebradiça do casal era resultado de infâncias sem a compreensão necessária para que as crianças floresçam. Eles tinham sido criados para valorizar as realizações acima de qualquer outra coisa e haviam acreditado nisso e criado em seu casamento uma cultura compartilhada que punha os sentimentos e os relacionamentos no fim da lista de prioridades. Mas os bebês mudam as coisas. Eles nos puxam de volta para nossa própria infância, geralmente mexendo com sentimentos reprimidos por muito tempo. Os bebês nos fazem lembrar, para que, ao lembrar, possamos ouvir as mensagens de seu choro.

Muitos casais se afastam desses sentimentos; há mães que ignoram o latejar dos seios quando o leite escorre a caminho do escritório. Há pais que largam o bebê na creche e se arrastam até o trabalho para pagar as contas. A maioria dos casais que são pais não tem alternativa. Às vezes, é claro, é um alívio fugir das necessidades brutas de uma criança pequena, mas será que isso também significa fechar-se a essas necessidades brutas e desligar-se delas? De que outra maneira uma pessoa conseguiria entregar a coisa mais preciosa de sua vida a outra pessoa durante oito ou nove horas por dia?

Estruturamos um mundo em que o cuidado com as crianças parece vir lá no final da lista de nossas prioridades. Os governos querem trabalhadores e as mulheres protestam, com razão, contra as desvantagens que a maternidade em horário integral traz. Mas quem defende os bebês, quem defende a importância de os pais poderem ser pais? Hoje sabemos como os primeiros anos são cruciais, como as experiências que a criança vivencia entre o nascimento e os 3 anos de idade podem moldar sua vida inteira. Será que as longas horas de cuidados nas creches proporcionam uma ótima experiência para a maioria das crianças? Será que a maioria dos pais de crianças pequenas quer passar mais tempo no trabalho do que com os filhos? Por que não podemos permitir que aqueles que se tornaram pais há pouco tempo trabalhem menos? Por que não valorizamos o tempo que eles passam cuidando da família do mesmo modo que valorizamos o tempo que passam no escritório?

Como psicoterapeuta, não cabe a mim julgar ou recomendar determinado estilo de vida. Mas a psicoterapia é política, porque sua declaração de princípios valoriza muito mais a importância das relações humanas do que o dinheiro ou o sucesso. Também é verdade que, não raro, uma boa terapia muda os valores dos pacientes, alterando suas prioridades.

Penso que a terapia com Bina e Shapiro os ajudou. Tudo no casal se abrandou e eles não contrataram as duas babás no fim das contas. Bina não voltou para seu antigo emprego e, quando Darsh estava com 1 ano, Shapiro também deixou o dele. Os dois queriam um futuro diferente para si e algo diferente da própria infância deles para Darsh. Quando terminaram a terapia, Bina estava grávida de novo e eles tinham aberto seu próprio negócio, que, dessa vez, seria um negócio de família.

Gabrielle e Johannes derrubam a casa de palha e fazem umas reformas

Sonhei com um barco. Ele ia navegando para lá e para cá, ao sabor da mais suave das brisas, indo à bolina, mais do que propriamente se deslocando. O barco era de um amarelo pálido e eu tentava desesperadamente conduzi-lo por águas cheias de rochas. Estava com medo de encalhar e ficava extremamente preocupada com o que havia abaixo do convés e com a possibilidade de aquilo sair ali de dentro. Haveria um buraco no casco? E então acordei, transpirando, com o nariz entupido e sentindo a garganta arranhar.

Era meu quinto dia convalescente. O coronavírus me pegara de repente. Eu tinha feito um almoço para uns amigos e deixamos a porta dos fundos aberta, para comemorar a primavera, que acabara de começar a despontar no clima cinzento e úmido. Foi um encontro animado, em que nos cumprimentamos com o cotovelo e garantimos uns aos outros que ainda teríamos um verão pela frente. Fizemos planos para nos reunir em Suffolk e fomos bebendo, em um almoço prolongado e preguiçoso. Mais tarde, eu me senti quente. "Peguei esse tal de coronavírus", disse ao meu marido. Ele deu um risinho de zombaria, mas franziu o cenho quando mostrei o termômetro.

Eu tinha atualizado minha conta no Zoom na semana anterior – era óbvio que caminhar até a Queen Anne Street para ver meus pacientes não seria sustentável. Tínhamos comprado álcool em gel e eu me habituara a limpar as maçanetas entre uma sessão e outra, mas, em meados de março, o vírus tinha fugido de controle e agora se movia pela área central de Londres. Havia conversas entre meus colegas sobre o Zoom, o Skype e o Microsoft Teams, bem como reuniões convocadas às pressas para compartilhar fatos e preocupações sobre transferir nossos pacientes – às vezes, muito vulneráveis – para o atendimento remoto. E então fiquei doente e meus pacientes tiveram que esperar.

※ ※ ※

Duas semanas depois, eu estava recuperada o bastante para retomar minha clínica naquele mundo novo e meio inquietante. Havia tomado o cuidado de comprar uma câmera nova, para substituir a que ficava no meu antigo laptop, e havia redecorado meu escritório de casa com uma poltrona vinda do consultório no térreo. Pus o laptop na cadeira do escritório, para poder ajustar a altura, e me liguei ao equipamento para entrar no Zoom. Foi uma sensação muito estranha. Ainda esgotada por causa do vírus, eu não estava especialmente empolgada naquele dia.

Eu ia atender Johannes e Gabrielle, que me consultavam de vez em quando. Em sua primeira entrevista, tudo o que eles disseram estava impregnado de amargura e desconfiança. Naquele dia, eu usara toda a minha autoridade para aplacar as acusações e contra-acusações que eles atiravam para todo canto em meu consultório, feito granadas. Fazia um ano que eles entravam e saíam de tribunais, e o juiz, farto dos dois, havia sugerido que procurassem uma terapia. Nenhum deles queria ficar sentado perto um do outro em meu consultório, mas haviam esgotado as possibilidades em sua fantasia de que conseguiriam vencer a batalha e evitar concessões. Aos poucos, tinham progredido e conseguido cooperar um pouco mais na criação dos dois filhos. Mas a paz que alcançaram era um tanto frágil e, quando ela se rompia, o casal me procurava.

Ambos eram obesos. Não um pouco acima do peso, de um modo que sugerisse uma ou outra visita excessiva à geladeira, mas de uma forma que sugeria uma recusa sistemática a cuidarem de si. Será que algo desesperado e destrutivo estaria se expressando por meio de seus corpos, encontrando eco na raiva que eles descarregavam um sobre o outro?

Gosto de consultas sobre o trabalho parental – elas são diferentes da psicoterapia contínua e prolongada. Gosto de trabalhar com casais que têm dificuldade de se adaptar à função de pais, ou que, de uma hora para outra, se veem diante de uma revolta adolescente. Fico satisfeita em apoiar casais que se preocupam com o fato de um filho estar deprimido, rejeitar a escola ou enfrentar outros tipos de problema. Gosto disso porque posso usar partes diferentes de mim – ser uma espécie de tutora parental ser uma escuta solidária oferecer algumas reflexões sobre a dinâmica familiar e me identificar com os pais a partir de minha própria experiência como mãe. E, o que é mais importante, tenho a sensação de também estar cuidando daqueles filhos.

Todo terapeuta de casal enfrenta desafios impostos pelos filhos a um relacionamento, e muitos casais que buscam a terapia brigam muito a respeito das funções parentais. O que fica claro, a partir de numerosos estudos no mundo inteiro, é que a satisfação conjugal sofre um declínio acentuado quando se tem um filho. Procure no Google "satisfação conjugal e ter filhos" e você verá um sem-número de gráficos que mostram uma curva em forma de U. A felicidade diminui com o primeiro filho, e ter outros filhos acentua ainda mais esse declínio. Depois, quando as coisas começam a parecer mais fáceis, as crianças chegam à adolescência e a satisfação do casal sofre mais uma queda acentuada. Mas é importante aguentar firme porque, quando os filhos começam a sair de casa, as coisas vão melhorando aos poucos. Lembro quando, anos atrás, mostrei esses gráficos num treinamento de administradores de centros de assistência infantil e fez-se um silêncio perplexo, até que uma mulher se levantou, desolada, e soltou: "Por que ninguém me disse isso antes?!"

Esse declínio da felicidade no relacionamento costuma ter início no primeiro ano depois do nascimento de um bebê. A criança chega e a maioria dos casais fica alegre – os avós fazem gracinhas, os amigos trazem bolos, chegam balões, cartões e flores pelo correio, e, durante algum tempo, tudo é basicamente cor-de-rosa. Mas colocar o bebê em primeiro lugar acaba cobrando um preço e, com o passar do tempo, os pais se dão conta de que as próprias necessidades foram superadas pelas dos filhos, o que pode evocar fortes sentimentos de privação e negligência. Esses sentimentos podem reativar sentimentos parecidos e angustiantes, vivenciados em outras épocas da vida, o que acrescenta uma camada do passado à intensidade do que acontece no presente. Em resposta a esses sentimentos, cada parceiro pode recorrer ao outro para preencher a lacuna e aliviar a sensação de privação, o que então provoca uma competição das necessidades. O casal começa a brigar para determinar de quem é a vez de trocar a fralda, de quem é a vez de levantar de madrugada ou de quem é a vez de dar uma saída à noite com amigos. Nessa situação, os pais começam a "jogar a responsabilidade da criança um para o outro", controlando quem está de plantão e quem vai tirar um momento de folga. Embora isso pareça ser uma espécie de solução para as brigas, com o tempo esse tipo de exercício parental produz uma distância ainda maior entre os parceiros, e os prazeres oriundos das atividades compartilhadas em torno da criação dos filhos se perdem.

A experiência das mães costuma ser um pouco diferente da dos pais. As mães, além disso, tendem a ser encarregadas de uma parcela maior das tarefas domésticas e da criação dos filhos do que os homens, embora haja indícios de que isso esteja começando a mudar. É comum os homens se sentirem meio excluídos diante da intensidade da troca mãe-e-filho na amamentação, e esse sentimento de exclusão leva alguns homens a se concentrarem em sua vida fora da família, o que, na prática, geralmente significa seu trabalho. As mães, por outro lado, não se sentem excluídas, mas podem ter intensos sentimentos claustrofóbicos por passarem o dia inteiro com um bebê no colo ou no seio. Essas experiências distintas podem dificultar as relações sexuais. Os homens querem transar para recuperar suas parceiras e para dar e receber a garantia de que ainda há tempo para o amor adulto em meio ao festival de ternura em torno do bebê. Mas as mulheres podem descobrir que seu desejo mais intenso não é de mais carinho, e sim de mais espaço, e o desejo de sexo dos parceiros pode ser vivido como mais uma invasão do espaço delas.

E há também os parentes. Até a chegada do bebê, o casal pode ter optado por se manter recluso em seu núcleo familiar, porém de repente aparecem avós, tios e tias. Eles podem ser prestativos e, certamente, necessários, mas a retomada da ligação de um parceiro com sua família de origem pode exigir grandes adaptações e a necessidade de retraçar as fronteiras em torno do relacionamento. A cultura familiar – o jeito de ser pai ou mãe, de celebrar o Natal, de construir o lar e comemorar os aniversários – costuma vir do que vivenciamos em nossa infância. A nova família tem que elaborar sua nova cultura, e essa negociação pode acarretar conflitos quando as expectativas em relação à vida familiar são diferentes. A vovó e a mamãe podem ter a mesma visão de como o bebê deve ser alimentado, mas essa visão talvez seja bem diferente das expectativas do papai, derivadas de sua família de origem.

Todos os desafios que descrevi podem ser proveitosamente explorados na terapia de casal, e é mesmo uma lástima que, muitas vezes, os casais demorem demais para falar dessas questões. Nos últimos anos, na Europa, governos sucessivos enfatizaram a intervenção precoce para pais de primeira viagem, dando início a programas-piloto que os incentivavam a se concentrar em seu relacionamento. Como resultado, alguns anos atrás, eu e um colega criamos um serviço de consultas coparentais.

Esperávamos receber pais apreensivos e ansiosos de filhos adolescentes, bem como pais mais jovens que estivessem enfrentando dificuldades com os bebês e com o sono, a alimentação e as creches para os filhos. Para nossa surpresa, nenhum desses casais apareceu. Em vez deles, recebemos casais separados que não queriam realmente cooperar um com o outro e que prefeririam que o ex-parceiro ou a ex-parceira morresse ou sumisse. Advogados nos enviaram arquivos enormes, com os detalhes lamentáveis de disputas amargas. Recebemos casais que se recusavam terminantemente a ficar sentados juntos no consultório. Num determinado caso, uma mulher insistiu que sua mãe, de aparência assustadora, estivesse presente para "protegê-la" do ex-marido.

Tudo isso foi um choque para nós e, a princípio, nos sentimos muito despreparados. Aos poucos, no entanto, aprendemos a trabalhar com esses casais separados e, não raro, pudemos ajudá-los. Também ficamos chocados com as poucas cláusulas jurídicas para pais que ficam fora do sistema judicial e com o fato de nos preocuparmos pouco, enquanto sociedade, com os dissabores dos filhos que vivem entre pais em guerra. Todos os estudos sobre separação e divórcio concluem que o conflito não resolvido e contínuo entre os pais é profundamente prejudicial para os filhos, mas, apesar disso, um tempo extraordinariamente pequeno e pouquíssimos recursos são disponibilizados para ajudar essas famílias. Os advogados ganham dinheiro, os juízes proferem seus julgamentos e cabe às crianças enfrentar o território extremamente complexo de lidar com a relação entre pais em combate. Algo que eu mesma, após 35 anos trabalhando com casais, mal consigo administrar.

Esse tipo de trabalho terapêutico costuma ser desafiador e frustrante. De repente, os pais se recusam a comparecer às sessões, ou saem no meio delas. O terapeuta recebe cópias de trocas de e-mails que listam desfeitas e abusos passados. São feitas acusações chocantes e que, vez por outra, exigem um telefonema para um médico ou um assistente social. E foi esse o caso de Johannes e Gabrielle.

Eles tinham dois filhos, que eram o motivo de sua disputa. Nathan, de 4 anos, que tinha sido diagnosticado autista poucos meses antes da separação do casal, e Mia, que tinha 1 ano e 8 meses. Nunca vi seus filhos e, no começo, nem Nathan nem Mia foram realmente um tema de discussão. Havia referências constantes às crianças, mas levou um longo tempo para eu ter uma imagem de como elas estavam. Às vezes, eles me passavam a impressão de que as crianças eram apenas bens a ser disputados.

A primeira sessão foi um pesadelo. Os dois chegaram separados. Gabrielle foi a primeira e reclamou ao ser solicitada que aguardasse do lado de fora, até que Johannes chegasse. Eu sabia que seria fatal começar sem ele; não queria começar dando a entender que ela e eu havíamos estabelecido algum tipo de relação da qual ele tivesse sido excluído. Na época, porém, eu não tinha sala de espera, e fazia um frio cortante do lado de fora. Os minutos foram se passando e eu me senti cada vez pior por deixar Gabrielle esperando na rua. Por fim, ouvi passos e os dois vieram pela escada, atabalhoados, e entraram em meu consultório. Levei um susto com o tamanho deles. Ocupavam um espaço enorme e, de repente, fiquei um tanto oprimida por sua presença.

– Vamos começar? – perguntei, enquanto eles se acomodavam nas duas poltronas mais separadas uma da outra.

Gabrielle me lançou um olhar hostil e, ignorando Johannes, disse:

– Por que diabos ele se atrasou tanto?

Sem esperar resposta, ela foi logo dizendo que era inútil estar ali e que só estava fazendo isso porque a assistente social, designada pelo tribunal, tinha dito que ela precisava ir. Em seguida, acrescentou que eu não devia acreditar em nada do que Johannes dissesse, uma vez que ele era um mentiroso patológico.

Não foi um começo promissor, e, para piorar, em poucos minutos os dois começaram a brigar. Fiquei apenas observando enquanto Johannes acusava Gabrielle de enganá-lo de propósito a respeito do horário da consulta.

Levantei a mão, com a palma virada para eles, e disse com firmeza que, se eles quisessem gastar seu dinheiro com aquela discussão, poderiam fazê-lo, mas era um desperdício e, mais importante, não ajudaria seus filhos de modo algum. Não posso dizer que surtiu efeito. Naquela primeira sessão, devo ter levantado a mão para detê-los uma meia dúzia de vezes. Mas, quando pedi que me falassem de Nathan e Mia, quando perguntei sobre o desenvolvimento da linguagem de Mia e sobre o que eles achavam do diagnóstico de autismo de Nathan, ambos ficaram um pouco mais circunspectos, ao menos por algum tempo.

Quatro dias depois da primeira sessão, recebi um e-mail de Johannes dizendo que seu contato com os filhos tinha sido suspenso porque Gabrielle o havia acusado de comportamento "impróprio" com Nathan. Fiquei desolada, pois isso era profundamente preocupante. Soube que, aparentemente, Nathan tinha dito à mãe que havia "brincado" com o pênis do pai no banheiro, e agora os assistentes sociais estavam investigando. Johannes ficou indignado, afirmando que não tinha acontecido nada além da curiosidade corriqueira de um menino de 4 anos. Não fiquei surpresa quando eles cancelaram a sessão.

A separação é difícil; perder o amor e a sensação de pertencer a alguém desorienta e é doloroso. Muitas vezes, erguemos barreiras tão grandes contra a dor por nossas perdas que pode parecer impossível enxergar por cima delas, descortinar um futuro. Algumas pessoas lidam com a dor em silêncio, se recolhem e se escondem. Outras choram copiosamente, compartilhando sua tristeza, sua mágoa e suas inquietações com amigos, terapeutas, colegas e familiares. Muitos de nós temos raiva quando sentimos dor, nos pegamos furiosos com nossas perdas, revoltados com a injustiça e inflamados pela sensação de impotência gerada pela perda. E, furiosos, procuramos culpar e castigar, o que é a receita perfeita para uma batalha nos tribunais.

Dois meses depois, o casal pediu outra consulta. Johannes tinha mandado um e-mail para me dizer que uma investigação fora conduzida e que o serviço social havia relatado não haver nenhuma preocupação. As crianças puderam voltar a dormir na casa do pai, mas, segundo Johannes, Gabrielle continuava a erguer barreiras para impedir seu contato com os filhos. Concordei em atendê-los na semana seguinte, já preparada para uma sessão difícil.

Minutos depois de chegar, Johannes irrompeu em lágrimas raivosas ao descrever a investigação conduzida pelo serviço de assistência a menores e o sentimento de invasão e vergonha. Falou de como tinha ficado assustado, de como tinha sentido medo. Seria acusado de abuso? Perderia os filhos? Durante mais de um mês, não tivera contato com nenhum dos filhos e, depois disso, só pudera vê-los num centro de contato, sob a observação de um assistente social. Enquanto ele falava, Gabrielle ficou sentada, escutando, aparentemente compadecida. Mas seu silêncio não durou e, em pouco tempo, os dois começaram a brigar de forma acalorada. Mais uma vez, fiquei insistindo em como aquelas discussões estavam prejudicando os filhos deles e, aos poucos, eles pareceram entender.

– Sei que vocês realmente querem machucar um ao outro, vingar-se um do outro por causa da dor e da aflição que sentiram, mas precisam se dar conta de que aqui não existe tiro livre e certeiro, não existe garantia de acertar o alvo. Existem, sim, danos colaterais. Seus filhos estão sendo atingidos todos os dias pelos estilhaços das brigas de vocês.

Naquele começo, fiz várias sessões individuais com eles. Sabia que ambos ainda estavam profundamente magoados com o que havia acontecido com seu relacionamento e com o modo como ele havia terminado. Eu acreditava que esses sentimentos residuais estavam atrapalhando seu trabalho parental. Eles tinham contado que seu relacionamento sempre fora intenso, passional e tumultuado. Apesar de ambos terem decidido que havia chegado ao fim, com certeza vinham tendo dificuldade para seguir adiante. Tive a impressão de que eles mantinham em vigor a intensidade da antiga relação por meio daquelas brigas intermináveis e, embora estivessem separados, por causa delas pareciam tão envolvidos um com o outro quanto o eram na época em que viviam juntos. Seriam essas brigas um jeito de evitar um fim definitivo? Por acaso aquele combate tão vívido não era melhor do que enfrentar o silêncio desolador do fim do relacionamento?

Johannes, autor de romances policiais, era uma mistura curiosa. Falava muito bem, com uma firmeza confiante que vinha de sua formação excepcional e de seu sucesso na carreira, mas, apesar do tamanho e da voz imponentes, também deixava transparecer uma vulnerabilidade ansiosa. Sua mãe o havia entregado temporariamente à assistência social quando ele era pequeno, e isso o tinha levado a períodos com pais adotivos e a temporadas em abrigos para menores. Ele via a mãe de vez em quando, mas ela nunca estava apta a lhe proporcionar um lar permanente, e, por isso, aos 6 anos, ele acabou sendo adotado. Os pais adotivos, segundo Johannes disse, eram amorosos, porém membros de uma igreja evangélica, o que significava que a vida era bastante austera e muito dominada por regras. Agora, ele detestava qualquer tipo de regra ou rigidez e, embora estivesse abalado com a perda recente do lar e apavorado com a possibilidade de que Gabrielle tirasse os filhos dele, tinha dificuldade de concordar com todas as regras sobre quando e como podia estar com eles. Johannes era perspicaz e entendeu de imediato quando apontei que o abandono que ele tinha vivenciado na primeira infância e a rigidez de seus pais adotivos influenciavam suas reações à situação atual. Entretanto, apesar de saber disso, no fundo ele experimentava um sentimento esmagador de desconfiança e medo.

Enquanto Johannes manifestava abertamente seus sentimentos, Gabrielle era muito mais fechada. Sua dor estava trancafiada dentro dela, e ela me via não como uma aliada, mas como alguém que a estava julgando. Era de uma beleza impressionante. Seu rosto redondo tinha algo de luminoso, a pele era moreno-clara e o belo cabelo liso, castanho-escuro. Tinha um sotaque sul-africano forte e desviava o rosto de mim com frequência, o que fazia com que eu me sentisse descartada e curiosa a respeito dela. Mais tarde, comecei a ver que ela desviava o rosto para esconder seus sentimentos e que havia uma grande vergonha ligada a qualquer expressão de vulnerabilidade. Ela falou pouco de sua infância, mas consegui saber que seus pais tinham se divorciado quando ela estava com 4 anos e que a mãe tinha voltado a se casar com um homem egoísta e valentão que Gabrielle detestava. O padrasto morreu quando ela tinha 19 anos e a indiferença dela à sua morte havia cavado um fosso permanente entre ela e a mãe.

Demorou quase um ano de sessões a cada quinze dias, depois a cada mês, para que as coisas se acalmassem um pouco. E então, fechados alguns acordos gerais quanto ao cuidado com os filhos e às questões financeiras, eles encerraram a terapia, concordando que poderiam me procurar de tempos em tempos, se assim o desejassem. E desejaram. Mais ou menos a cada seis meses, eles vinham e discutíamos as questões com que estavam tendo dificuldades. Para que creche Mia deveria ir? Que ajuda Nathan deveria ter? A nova namorada de Johannes poderia conhecer os filhos do casal?

Quando trabalho com casais separados, é comum eu pensar no "julgamento de Salomão", uma história do Velho Testamento em que o rei Salomão, de Israel, profere uma sentença para duas mulheres que se dizem mães de um menino. Como são incapazes de chegar a um acordo, Salomão lhes diz que a solução é cortar a criança ao meio, para que cada uma possa ficar com uma metade. Uma espada é levada ao rei para que ele execute o julgamento proferido, e então a verdadeira mãe, incapaz de suportar que o filho seja morto, oferece-o à outra mulher para salvar a vida dele, ao passo que a outra concorda com a divisão do menino. Com isso, a falsa mãe é exposta e o rei Salomão devolve o menino à mãe verdadeira. Às vezes, no trabalho com Johannes e Gabrielle, eu tinha a impressão de que eles me pediam para ser uma espécie de Salomão, embora eu nunca tenha recomendado que eles retalhassem Nathan nem Mia!

Fiquei orgulhosa de Johannes e Gabrielle e de meu trabalho. Eles ainda discutiam e trocavam uns xingamentos, mas, no fim, decidiram não prejudicar os filhos, e sim colocá-los em primeiro lugar, ainda que, às vezes, isso significasse fazer concessões um ao outro.

* * *

No entanto, quando veio o lockdown, lá estavam eles de novo em brigas ferozes, que partiam das trincheiras de suas respectivas salas de estar. Eu me perguntei se o fato de nos vermos pelo Zoom estaria facilitando que eles soltassem o verbo, por se sentirem mais seguros trocando acusações através de um computador, e não pessoalmente. Foi como se todo o trabalho que havíamos feito ao longo de anos já não servisse para nada. Fiquei pensando se aquilo seria resultado de três semanas de lockdown – as escolas e creches estavam fechadas e, naquele momento, cada um deles ficava sozinho com os filhos. Johannes parecia desesperado, e seu desespero começou a me contagiar, uma vez que a mensagem intermitente "a internet de Johannes está instável" era acompanhada pela perda da imagem e do som dele. Minha cabeça doía de tentar deduzir o que estava acontecendo, mas era impossível entender muita coisa, pois a cada três palavras eu só conseguia ouvir uma.

– Susanna, você está me ouvindo? Susanna, posso falar?

Gabrielle interrompia:

– Por que a sua internet é essa porcaria, Johannes? Você nunca vai dar um jeito nisso? Desligue o vídeo.

Acabei descobrindo que estava encerrada a disputa a respeito de onde as crianças deveriam ficar durante o lockdown. Nathan e Mia estavam atualmente na casa de Gabrielle, em Hackney, mas, com o avanço da pandemia, Johannes tinha fugido de seu apartamento no Victoria Park para morar na casa da namorada, em Sussex. Gabrielle fazia questão de que as crianças não viajassem para o interior, dizia que isso era contra as orientações e que não era seguro. Se Johannes quisesse ver os filhos, deveria voltar para Londres.

– Eles não vão para Sussex, de jeito nenhum. Não é seguro e não quero que fiquem tão longe de mim. E se eles ficarem doentes? Aliás, e se eu ficar doente quando eles estiverem comigo? Eu nem sabia que o Johannes não estava em casa até terça-feira, quando telefonei para ele com enxaqueca e ele me disse que não poderia vir buscar as crianças. Por isso, Susanna, tive que ficar sozinha com elas, achando que ia pegar o coronavírus e ficar toda mal. É uma traição completa da minha confiança... Como de costume, você só está se colocando em primeiro lugar. – Gabrielle teria continuado, mas eu a interrompi no meio da frase.

– Johannes, não ficou claro para mim por que você está em Sussex – afirmei, torcendo para que ele conseguisse me ouvir.

– Eu precisava ficar com a Liz.

– Que diabos isso quer dizer? – interrompeu Gabrielle. – Por quê? Por que você precisa estar com ela e não com seus filhos?

Fez-se silêncio.

– Você ainda está aí, Johannes? – perguntei.

– Estou, estou aqui, sim. Olha, Gabs, tirar as crianças de

Londres parece óbvio, é em Londres que o vírus está circulando. Acho que elas ficariam mais seguras aqui comigo. É só por algumas semanas. Você nem tem jardim, e aqui elas têm muito espaço e podem aproveitar o sol...

Uma tempestade irrompeu quando essas palavras foram ditas – uma tempestade que tomou o restante da sessão e que não consegui acalmar. Os dois estavam com raiva. Johannes achava que Gabrielle estava interpretando mal suas intenções de propósito, e ela estava brava e, desconfiei, com muito medo de que, de algum modo, ele ganhasse aquela discussão. A única coisa boa que saiu daquela sessão foi a concordância em fazer uma outra, dali a três dias.

As coisas estavam mais calmas quando nos reencontramos pelo Zoom. Johannes tinha voltado a Londres depois da sessão anterior e, nas duas últimas noites, as crianças tinham ficado com ele em seu apartamento. Naquela hora, elas estavam assistindo à televisão no cômodo ao lado, enquanto eu tentava ajudar os pais a chegarem a algum consenso sobre os cuidados com elas.

– Gabs, não faz o menor sentido eu ficar em Londres, *nem* as crianças. A Liz tem uma casa ótima, que não fica longe do mar. Lá eles têm o próprio quarto, e é muito melhor. *E* mais seguro. Se você pusesse as crianças em primeiro lugar e pensasse no que é melhor para elas, ficaria contente por elas irem.

Johannes prosseguiu nessa linha por vários minutos e, apesar de seu tom racional, percebi que Gabrielle estava ficando cada vez mais aflita ao pensar nos filhos naquela casa dos sonhos com Johannes e Liz.

Ela falou com decisão e em um tom seco:

– Jo, você sabe que eu te conheço a minha vida inteira. Isso não tem a ver com as crianças, você sabe e eu sei. – Em seguida, dirigiu-se a mim: – É que ele não consegue ficar longe da namoradinha. E até aí tudo bem, mas estamos no meio de uma porra de uma pandemia, cacete! Será que você não pode ficar sem a sua trepada diária por algumas semanas?!

Os minutos seguintes foram uma enxurrada de acusações e insultos. Os dois gritavam e xingavam um ao outro como nos velhos tempos – a raiva parecia mais intensa do que nunca, como se a tela os protegesse e eles pudessem de fato soltar os cachorros. Eu me inclinei para a câmera:

– Está bem! Está bem! Vamos nos acalmar. Johannes! Gabrielle! Por favor!

Mas Gabrielle estava a todo vapor e se recusava a parar.

Fiquei desamparada. Se eles estivessem comigo no consultório, eu sabia que conseguiria fazê-los calar a boca. A força da minha autoridade e o senso de boas maneiras deles introduziriam alguma ordem, mas ali, pelo Zoom, eu simplesmente não conseguia atingi-los. Eu me reclinei na cadeira, derrotada.

– E se eu ficar doente, quem vai cuidar das crianças? Quem vai me ajudar com elas se você tiver ido embora para Suffolk com ela?

– Não é Suffolk! É Sussex! Você é surda, além de idiota?

E assim continuou, ininterruptamente. Naquela situação, nem todas as minhas concessões habituais funcionariam. As restrições da covid proibiam viagens, mas Johannes estava decidido a voltar para Sussex no dia seguinte e continuou a dizer que levaria as crianças junto. Não estávamos chegando a lugar algum e eu não tinha certeza do que seria melhor. Todos sabiam que Londres estava no epicentro do coronavírus, e será que o apartamento de Gabrielle, pequeno e sem jardim, seria a melhor alternativa? Será que, talvez, não seria melhor se as crianças ficassem no interior? Percebi que o idílio rural que Johannes descrevia poderia ser bom para os filhos, mas eu também sabia que Mia e Nathan achariam muito difícil ficar longe da mãe semanas a fio. Fiquei dilacerada e continuei sem conseguir entender muito bem por que Johannes estava tão decidido a desrespeitar o lockdown para ir para a casa de Liz.

A sessão terminou com uma concordância relutante de Johannes em ficar mais uma semana em Londres. Porém, depois disso, ele não daria nenhuma garantia.

Tive um longo dia de sessões pelo Zoom antes de finalmente fechar o laptop e descer para fazer o jantar. Estava preparando um copo grande de gim-tônica quando meu celular tocou – era uma mensagem de Johannes.

Oi, Susanna, desculpe incomodá-la, mas posso ligar para você amanhã? TENHO que voltar para Sussex – a Liz está grávida de cinco meses e não tem passado muito bem. Preciso encontrar um jeito de falar francamente disso com a Gabs.

Nessa hora tudo fez sentido. Pus água para ferver, para preparar a massa, descasquei as cebolas e pensei no que fazer a seguir. Tanto Johannes quanto Gabrielle tinham suas fragilidades e eram facilmente provocados pelo medo de perder os filhos e de ser controlados um pelo outro. Era uma mistura tóxica de sentimentos, que produzia tempestades de emoções opressivas, nas quais nenhum dos dois conseguia raciocinar com calma. Um novo bebê, no meio de uma pandemia, não facilitaria mais as coisas. Gabrielle ia pôr à prova a lealdade de Johannes a ela e aos filhos. O perigo era que, em vez de tranquilizá-la, ele se sentisse oprimido por isso e ficasse com raiva. Também era provável que a infância de Gabrielle agravasse a já tensa situação; eu sabia que ela gostava de Liz, mas a ideia de os filhos fazerem parte de uma nova família, da qual ela estava excluída, refletiria sua própria experiência e dificultaria lidar com isso. Enquanto amassava o alho e bebericava meu drinque, comecei a ficar muito pessimista, achando que eles não conseguiriam atravessar o lockdown sem ter outra desavença.

Novos parceiros e novos bebês são acontecimentos extremamente desafiadores para pais separados, pois ativam sentimentos competitivos capazes de tornar quase impossíveis a empatia e o interesse. Na infância, fomos feitos para protestar quando há uma ameaça potencial capaz de se intrometer entre nós e nosso pai ou nossa mãe, e esse protesto costuma ser mais eloquente quando a criança já tem um sentimento de insegurança. É por isso que as crianças quase sempre têm sentimentos ambivalentes quanto à chegada de um novo irmão ou uma nova irmã, sem saberem ao certo se o neném é um novo e adorável companheiro de brincadeiras ou alguém que roubará de sua boca o alimento do amor parental. A função dos pais humanos é igualmente instintiva, muitas vezes movida por impulsos biológicos. Quando sentimos que nossos filhos estão ameaçados, ou que nossa ligação com eles corre algum risco, reagimos de maneira intensa. Se nossa própria infância foi recheada de inseguranças, podemos prestar particular atenção nessas ameaças e, ao sentirmos que há um risco, nossas reações emocionais podem ser mais reativas do que ponderadas. Eu sabia disso tudo, mas como ajudaria Gabrielle e Johannes a atravessarem essa tempestade?

Temi que os dois brigassem como se a vida deles dependesse disso. Gabrielle manteria as crianças junto de si e Johannes reagiria, tornando-se controlador e agressivo, o que confirmaria os piores temores da ex-esposa. Eu já os vira encenarem essa dinâmica em muitas ocasiões, e ali estava ela mais uma vez. Ambos tinham sido paralisados pelo lockdown e seriam necessários tempo e trabalho para desembaraçar todo esse emaranhado de sentimentos.

* * *

Eu andava tendo problemas de coluna e culpava o Zoom por isso. Nessa história de passar horas olhando para uma tela, algo estava afetando minha cervical, provavelmente porque eu me inclinava constantemente para chegar mais perto da câmera. As sessões com Johannes e Gabrielle continuaram, em caráter intermitente, durante todo o começo do verão, e eu estava mal-humorada e frustrada com o tanto que ambos pareciam ter regredido, de novo mesquinhos e vingativos. Aparentemente Gabrielle havia aceitado muito bem a gravidez de Liz, mas agora havia surgido uma briga a respeito de Nathan dever ou não começar a frequentar a escola em setembro.

– O Nathan não vai aguentar começar as aulas nessa situação. É egoísmo seu querer mandá-lo para lá. Mais uma vez, Gabs, tudo isso tem a ver com você e com o que você quer, e não com ele. Como é que um garotinho com as necessidades dele vai lidar com professores usando máscaras e pais que não têm permissão para entrar na escola? Isso tudo é ridículo.

Johannes estava a mil por hora e eu levantei a mão e a voz para detê-lo.

– Você não acredita mais nele – disse Gabrielle, abanando a cabeça, enojada. – Você está tratando o menino sem o menor respeito. Ele quer ir para a escola. Faz um bom tempo que quer isso. Eu, eu... – Ela lutou para encontrar as palavras. – Eu acho que você o descartou, como se, por ele ser autista, realmente não tivesse importância se ele vai ou não para a escola. Já organizei tudo. Fiz a escola garantir que ele vai contar com alguém para ajudá-lo, falei com a professora da turma dele, conversei três vezes com a diretora pelo Zoom. O que é que você fez, porra? E agora você não quer deixá-lo ir... Vai se FODER!

E assim continuou, sessão após sessão. Os momentos de

concordância não se sustentavam e temi que eles voltassem aos tribunais – embora não ficasse claro por quê. E então, duas semanas depois, houve uma grande reviravolta. E foi tudo graças a Mia.

Eles estavam entregando as crianças um para o outro, em Highgate Wood, e começaram a discutir. Enquanto isso, Mia levou um tombo no parquinho, e nenhum dos dois notou. Uma outra mãe se levantou e, sem saber de quem Mia era, levou-a chorando e sangrando para a lanchonete, procurando os guardas do parque. Quando finalmente perceberam que Mia havia sumido, Johannes e Gabrielle se puseram a correr pelo parque, arrastando Nathan com eles. Quando localizaram a filha, Mia estava tão agitada que levou horas para se acalmar. E agora, tendo sido desfraldada recentemente, a menina tinha regredido e voltado a fazer xixi e cocô nas calças, o que alarmou os pais.

– Estou vendo que vocês ainda estão muito assustados e nervosos. Deve ter sido pavoroso. Realmente assustador.

A vergonha e a culpa estavam estampadas no rosto de ambos, mas eu não quis nomeá-las. Queria que eles o fizessem.

Os dois assentiram com a cabeça. E ficamos em silêncio por algum tempo. Então, Gabrielle falou:

– Isso tem que parar. Nós temos que parar. Não quero ferir as crianças. Foi por isso que continuei concordando com as sessões com você, Susanna. Olha, Jo, vamos fazer como você quiser. Se você não quer que o Nathan comece em setembro, tudo bem. Tanto faz. Nós simplesmente *temos* que chegar a um acordo. Não posso mais continuar com essas brigas. Isso está me matando e estamos deixando as crianças tristes.

Vi então que Johannes parecia choroso e atormentado. E então fui *eu* que senti lágrimas nos olhos. Gabrielle tinha me emocionado; sua paixão e seu arrependimento vazaram pelo

Zoom e entraram diretamente em meu corpo. E então Johannes começou a falar lentamente, hesitante.

– A culpa não é sua, Gabs. É... principalmente minha. Fiquei com raiva de você. Puto por causa do Nathan. E por causa de nós. Por ter ido embora. Sinto muito, sinto muito.

E os dois desataram a chorar.

– Faz tempo demais que vocês se sentem muito culpados pelo rompimento – comecei – e tem sido doloroso admitir essa culpa. Talvez, eu acho, por causa da sensação de que vocês fizeram algo muito destrutivo ao se separarem. E aí os dois tentaram se livrar desse sentimento horrível de culpa, afastando-o e impondo-o à força um ao outro. Será que agora isso pode parar? Talvez agora vocês possam tentar suportar cada um sua culpa. Admiti-la, elaborá-la e parar de responsabilizar um ao outro. – Fiz uma pausa. – Se não fizerem isso, a culpa vai crescer, porque a raiva entre vocês cria a ideia de que vocês são destrutivos. A raiva, como acabei de dizer, faz vocês esquecerem as necessidades das crianças. Culpa, raiva, acusações. Culpa, raiva, acusações. É um ciclo, e acho que vocês estão prontos para rompê-lo.

Eu me calei e eles continuaram quietos. Pela primeira vez em muito tempo, tudo pareceu ficar em paz.

Kelly Anne se transforma na madrasta má

Naquelas primeiras semanas do primeiro lockdown, cada sessão pelo Zoom confirmava quanto as pessoas andavam angustiadas. Até as que diziam sentir um tipo novo de liberdade, longe do trabalho, isoladas em casa, pareciam estar um tanto desligadas da realidade. Um homem que disse que estava "adorando o lockdown" sonhou que montava um cavalo – mas suas pernas caíam e ele se descobria preso na areia movediça. Outro paciente sonhou com um forno congelado por dentro, e eu, ainda perturbada pela covid, também me sentia desligada e confusa. Todos os meus referenciais tinham desaparecido, e eu achava que não conseguiria me conectar com meus pacientes por uma tela. E então apareceram Darryl e Kelly Anne.

Um fundamento central do trabalho do terapeuta de casal é a imparcialidade, e me empenho muito em lidar com a tensão e evitar a condenação de um lado ou do outro. Esse equilíbrio é essencial para construir a confiança, e aprendi há muito tempo que, embora um parceiro possa parecer muito mais responsável pelos problemas, na realidade os casais "fabricam" seu tormento juntos. No entanto, no caso de Darryl e Kelly Anne, não apenas me flagrei tomando partido, como também agindo como júri, juiz e carrasco.

Eles pediram para marcar um horário justamente quando o

primeiro lockdown estava chegando ao fim, e adiei o início da terapia com eles até o começo de julho para poder encontrá-los cara a cara, de volta ao meu consultório no centro de Londres. Fiz grandes preparativos, comprei aerossóis e géis desinfetantes e rearrumei os móveis para que eu ficasse a dois metros de meus pacientes. Apesar de já ter anticorpos contra o coronavírus, eu ia voltar à Queen Anne Street com certa apreensão.

Kelly Anne estava perto dos 30 anos. Tinha um forte sotaque norte-americano e era bonita, de um jeito ligeiramente artificial e brilhante, com cabelos curtos castanho-avermelhados, e intensamente bronzeada. Darryl, na casa dos 40, com um cabelo arruivado muito comprido e a pele alva e sardenta, tinha um suave sotaque escocês; não fosse o cabelo desgrenhado, estilo lockdown, seria muito bonito. Após muitas semanas de encontros pelo Zoom, foi impressionante o impacto de estar cara a cara com outras pessoas em meu consultório. De repente, eu me senti mais viva do que em meses e estava encantada por encontrar um casal em pessoa.

Fazia pouco mais de dois anos que eles tinham sido apresentados um ao outro por uma agência de encontros bem luxuosa, criada para prestar serviços aos ricos em busca de amor. O primeiro encontro deles fora no requintado restaurante do chef Heston Blumenthal, no hotel Mandarin Oriental, em Knightsbridge, e àquela noite glamorosa se seguiram viagens dispendiosas a Paris, Barbados e Nova York. Os dois traziam mágoas de relacionamentos fracassados e logo buscaram consolo um no outro, bem como a confirmação de que seus ex-parceiros eram grosseiros e intimidadores.

Esse era o terceiro casamento de Darryl. Sua primeira esposa fora Abiba, que agora morava na África do Sul com o filho de 20 anos do casal. A segunda esposa, mais recente, fora Breda, com quem ele tivera duas filhas – Natalie, de 11 anos, e Catherine, de 8. Naquela primeira sessão, eles me contaram quanto Breda era terrível e maluca e "uma péssima mãe". Darryl, explicou Kelly Anne, tinha passado anos submetido ao comportamento errático e controlador de Breda e, finalmente, dois anos antes, tinha tomado uma medida drástica e ido embora. Por seu relato gaguejado, ficou claro que Darryl havia achado o divórcio e o acordo financeiro brutais e, pensei, ainda estava profundamente absorto nessa experiência e marcado por ela.

Em seguida, Kelly Anne me contou sua história, em que havia muitos ecos da história de Darryl. Ela passara três anos num relacionamento com Kyle e, a julgar por sua descrição detalhada, aquele homem tinha sido cruel, traidor e mentiroso.

– Nem consigo imaginar como a Kelly Anne ficou tanto tempo com aquele homem – disse Darryl, dando continuidade à história da esposa. – Para ser franco, ele lhe tirou até o último centavo, se recusou a sair do apartamento e ainda roubou o carro dela.

Ao que parece, quando os dois se conheceram, Kelly Anne vinha enfrentando sérias dificuldades financeiras e Darryl a tinha salvado, colocando a melhor equipe de advogados para defendê-la e arrancar o ex-parceiro da vida e do apartamento dela o mais depressa possível. À medida que ele foi falando, tive a forte impressão de que era muito importante para ele se sentir uma espécie de herói. Comentei que ele parecia ter sido um cavaleiro andante para Kelly Anne e os dois riram – percebi que essa ideia lhes soou agradável.

Os dois tinham se unido em torno de suas dificuldades, compartilhando a indignação diante das trapaças judiciais dos respectivos ex. A sentença do divórcio de Darryl havia saído em julho e eles logo planejaram o casamento. Casaram no fim do verão no Villa Cimbrone, em Ravello, lugar que eu conhecia de passagem em minhas próprias viagens à Itália e sabia ser tão romântico quanto caro.

Com o passar dos minutos comecei a me perguntar por que eles estavam ali. Tudo o que eu ouvia parecia sugerir que, embora seus parceiros anteriores tivessem sido a fonte de muitos problemas para os dois, *eles próprios* eram perfeitos. E fazia menos de um ano que estavam casados.

Kelly Anne olhou para Darryl.

– Conte para ela por que viemos, explique você – pediu ela. Ele ergueu as mãos e as abriu, num gesto de resignação e desamparo.

– Bem, você sabe, com o lockdown e tudo mais, a minha esposa, digo, minha ex-esposa, não estava conseguindo lidar, ahn... quer dizer... Bem, ela disse que, ahn... a Natalie e a Cathy precisavam ficar com a gente... – Fez uma pausa e deu uma olhada nervosa para Kelly Anne. – E... a Kelly Anne achou que a Cathy tudo bem, mas a Natalie...

Ele parou de repente e Kelly Anne lançou um olhar de raiva para ele.

– Não fui eu que disse isso, eu *não disse* que ela não podia vir. Ela não *quer* vir. Ela me odeia! – concluiu, com ênfase.

Naquele momento, tive uma ideia de onde estava o problema e de como isso seria complicado. Darryl se encolheu diante do tom de Kelly Anne e baixou os olhos, esperando que ela terminasse.

– Ela odeia você? – perguntei, usando suas últimas palavras e esperando ouvir algo mais. Nessa hora, porém, os dois se calaram e senti que estavam me dizendo que aquele tema era, simplesmente, perigoso demais para ser explorado. – Vejo que causa muita angústia falar disso. É difícil deparar com tanta dificuldade entre vocês tão pouco tempo depois do casamento.

Os dois assentiram com a cabeça, mas, de algum modo,

o restante da sessão transcorreu sem nenhuma discussão adicional sobre as filhas de Darryl. Não demorou muito para que eles saíssem de meu consultório, e continuei sem saber mais nada.

* * *

Julho estava acabando quando voltei a vê-los. Eu havia tirado um período curto e muito necessário de férias na Cornualha. Apesar da multidão agora liberada do lockdown, foi revigorante, e retornei à Queen Anne Street com um sentimento crescente de que as coisas estavam voltando ao normal. No entanto, a maioria de meus pacientes continuava no Zoom, relutando em ir até o centro de Londres, de modo que ansiei por ter uma sessão em pessoa com Darryl e Kelly Anne – seria uma mudança bem-vinda.

Eles chegaram num grande alvoroço. Kelly Anne tinha feito compras e estava carregando diversas sacolas coloridas e chiques, que Darryl pegou das mãos dela e colocou como uma barreira no tapete entre nós. Eles pareciam pouco à vontade no meu sofá coberto de plástico e notei que, naquele dia, sentaram mais afastados um do outro. Depois de um papo superficial, ambos se calaram, mas bastou um ligeiro incentivo meu para que despejassem os sentimentos amargos e ressentidos que haviam surgido entre eles. Eu já havia trabalhado com muitas famílias reconstituídas, de modo que não foi surpresa saber que as meninas e Kelly Anne vinham tendo dificuldades para construir uma relação. No entanto, foi um choque ouvir o jeito como Kelly Anne falava de Natalie, uma menina de apenas 11 anos que, sem dúvida, ainda estava às voltas com o divórcio dos pais. Foi muito difícil não ter vontade de criticá-la.

Na maioria das famílias, as alianças se deslocam e se alteram com o passar dos anos. Irmãos e irmãs, unidos quando pequenos, começam a discordar na adolescência; o pai e os filhos varões, antes muito amigos, começam a competir por atenção e poder. Essas mudanças são naturais e normais, apesar de frequentemente dolorosas, mas acontecem por causa de processos comuns de desenvolvimento dos indivíduos na família, à medida que cada um vai amadurecendo e experimentando novas identidades. Entretanto, o divórcio atrapalha esses processos e perturba ainda mais as famílias reconstituídas.

– Ela não gosta de mim e eu não gosto dela – disse Kelly Anne, em tom seco e defensivo. – Não vou ser desrespeitada, não é justo comigo. E o Darryl sabe disso. Não quero que ela fique me lançando aqueles olhares dissimulados, tentando fazer o pai ficar do lado dela. Ela tem que aprender que as coisas mudaram. Não pode fazer tudo do jeito que quer.

Já então a pleno vapor, Kelly Anne enumerou todas as terríveis desfeitas que a jovem Natalie havia infligido a ela. Nunca tinha usado o vestido que Kelly Anne havia comprado para ela, não ajudava a empregada a levar a louça da mesa de jantar para a cozinha e assim por diante... sem parar.

– O problema é que ela manda e desmanda no Darryl e ele simplesmente não consegue dizer não. Eu a vejo manipular você, meu bem. Você não consegue enxergar, mas eu consigo! E não entendo por que você deixa que ela se vista daquele jeito! A Breda não ensina que ela não pode pôr apenas um bustiê sujo e uma calça velha e rasgada para jantar fora? Eu sinto muito mesmo pela Natalie, porque nem tudo é culpa dela. Se ninguém diz para ela como se comportar, não é de admirar que ela seja tão mimada.

Esperei que Darryl protestasse, que defendesse a filha e explicasse a vulnerabilidade dela, mas ele não fez isso; parecia mais interessado em aplacar Kelly Anne, fazendo coro com a esposa nas críticas a Natalie.

– Não ponha a culpa em mim, querida. Eu sei que ela é difícil. Tenho tanta dificuldade com ela quanto você. Ela é muito ingrata. É muito parecida com a mãe, e ninguém espera que você conserte tudo, mas, querida, realmente não é justo me culpar. Se você disser que a Natalie não pode vir, a Breda também não vai deixar a pobre da Cathy vir, e nós queremos que a Cathy venha, não é, benzinho?

Enquanto escutava aquilo me lembrei de uma pesquisa que havia sido mencionada anos antes numa palestra de dois brilhantes psicólogos norte-americanos casados, Philip e Carolyn Cowan, ambos professores da Universidade da Califórnia, em Berkeley. Em sua pesquisa, eles tinham notado que, quando um casal era infeliz junto, o pai parecia ser menos próximo das filhas. As implicações eram que os sentimentos negativos do pai a respeito de sua esposa resvalavam no relacionamento com as meninas, como se o pai confundisse mentalmente essas duas relações. Será que era isso que estava acontecendo com Darryl? Era por isso que ele criticava tanto Natalie?

Quando eles se foram, cobri o rosto com as mãos; um forte sentimento de antipatia tomou conta de mim. Aquele casal parecia muito insensível e autocentrado e eu não sentia a menor vontade de me perguntar por que eles eram assim. Queria apenas proteger a pobre Natalie. Eles voltariam na semana seguinte e me senti aliviada por ter tempo para consultar alguns colegas. Sabia que precisaria de ajuda para conseguir trabalhar com eles.

Mas não tive tempo para conversar com meus colegas. Mais tarde, no mesmo dia, atendi o telefone e Kelly Anne estava do outro lado, soluçando e gritando ao mesmo tempo. Consegui decifrar, em meio às lágrimas, que Darryl a havia largado e voltado para Breda. Ela estava histérica e desesperada. O que devia fazer? Os dois tinham brigado feio, atirado coisas um no outro, e ela lhe dera um empurrão e saíra porta afora. Ao voltar, uma hora depois, ele tinha ido embora.

– Por que você acha que ele está na casa da Breda, Kelly Anne? – perguntei, e a resposta foi um gemido alto.

Ela não sabia ao certo onde ele estava, havia apenas presumido que ele estava com a ex-esposa. Assim, sugeri que talvez ele não estivesse com Breda, mas apenas lambendo suas feridas em algum lugar. Falei que a veria na semana seguinte, tentando estabelecer algum limite e acalmá-la.

Mas de nada adiantou. Fui bombardeada com ligações e mensagens durante todo o fim de semana, agora com Darryl me contando seu lado da história. Ele não tinha ido à casa de Breda, de jeito nenhum: estava num hotel pertinho de onde o casal morava, em St. John's Wood. Kelly Anne o havia agredido. Partira seu coração. Percebi o esforço que os dois faziam para que eu tomasse partido e, na verdade, ainda me senti mais do lado dele que do dela. Qualquer pessoa que falasse de uma menina de 11 anos daquele jeito tinha que ser responsabilizada. Eu me senti presa entre os dois, e por isso mandei um e-mail para eles, decidida a não responder a mais nenhuma mensagem ou ligação.

Caros Darryl e Kelly Anne,
   Lamento que vocês estejam enfrentando um momento difícil. Vou vê-los às 14h15 na terça-feira, quando poderemos pensar juntos na situação.
   Cordialmente,
   Susanna

Na terça-feira, descendo a Marylebone High Street, eu pensava em Kelly Anne e Darryl, refletindo sobre meus sentimentos a respeito deles, como todos os terapeutas psicanalíticos são treinados a fazer. Intelectualmente, eu sabia que as emoções que eles despertavam em mim provavelmente me ajudariam a compreender melhor o mundo interior deles, mas não conseguia ir além de me sentir irritada e indiferente. Nutria uma antipatia particular por Kelly Anne. Como ela podia rejeitar tanto aquela garotinha? Havia algo antinatural em sua falta de sentimentos maternos por aquela criança. Depois, pensei em como eu estava tecendo juízos morais e em quão pouco sabia, a rigor, sobre Kelly Anne e, aliás, sobre Darryl. Por que Kelly Anne *deveria* gostar de Natalie? Será que eu esperava que, por ser mulher, ela tinha que necessariamente ser carinhosa? Estaria meu juízo contaminado por um preconceito de gênero?

Ao refletir sobre isso, eu me dei conta de que toda a história deles parecia girar em torno de tomar partido; era tudo uma questão de bonzinhos e mauzinhos. Cathy era boa. Natalie era má. Os ex de ambos eram incrivelmente maus e, ao que parecia, totalmente responsáveis por tudo o que dera errado nos relacionamentos anteriores. Em se tratando deles, era evidente que tinham o mesmo tipo de mentalidade polarizada, em preto e branco. Num minuto, Darryl e Kelly Anne estavam no paraíso; no minuto seguinte, tudo havia acabado e eles estavam no inferno. Será que *eu* também estava tomando partido? Parecia que eu estava tratando Darryl como se ele fosse o bonzinho, o sofredor, o que fazia o melhor possível, e achava que Kelly Anne se comportava como uma criança mimada.

Esse tipo de divisão – bom e mau – era algo com que eu havia deparado muitas vezes, e eu sabia que, por trás desse modo de ser, era provável que houvesse muito sofrimento neles dois. Quando cheguei à Queen Anne Street, continuava não gostando deles, mas tinha começado a ficar um pouco mais curiosa a respeito de quem eram. Isso teria que bastar.

Eles pareciam meio sem graça ao se acomodarem no plástico barulhento do meu sofá. Kelly Anne tirou a máscara cuidadosamente, abriu a bolsa e passou um batom, enquanto Darryl começava a falar.

– Bem, tivemos alguns altos e baixos desde a última vez que nos encontramos. – Sorriu, mas percebi que, por trás do ar brincalhão, estava constrangido. – Mas agora foi tudo resolvido, Susanna. Sinto muito se nós a fizemos cortar um dobrado – riu. – Trocamos um beijo e fizemos as pazes!

Esperei, mas nenhum dos dois falou mais nada. Por fim, eu disse:

– Eu diria que o relacionamento de vocês pode parecer uma bênção completa e, no instante seguinte, totalmente insuportável. Imagino que deva ser muito difícil lidar com essas oscilações de sentimento.

Eles se entreolharam. Kelly Anne encolheu os ombros e disse:

– Eu detesto isso. É como se estivéssemos levando um ao outro à loucura, e o Darryl *nunca* admite que ele também tem parte nisso. Diz que é tudo comigo, tudo culpa minha. Estou levando toda a culpa, mas ele me provoca... Ontem, quando era para estarmos fazendo o jantar juntos, ele passou mais de uma hora no telefone com a Natalie, falando manso com ela porque ela estava tendo um piripaque. Eu o ouvi prometer que ia sair com ela no sábado, quando já tínhamos feito planos de jogar tênis com amigos e... – Kelly Anne estava a todo vapor e, quanto mais falava, mais brava parecia ficar. Observei Darryl, que foi ficando cada vez mais agitado. Seu bom humor de antes evaporou, ele franziu o cenho e desviou os olhos. Percebi que os dois estavam prestes a mergulhar em alguma coisa ainda mais destrutiva, o que não nos levaria a lugar nenhum, e por isso interrompi a fala dela.

– Talvez seja útil ampliarmos a lente – sugeri. Os dois me

olharam, sem entender. – Ouvi algumas coisas sobre as dificuldades que vocês estão enfrentando, mas acho que não sei muita coisa sobre nenhum dos dois. Sei como se conheceram e sei uma coisa ou outra sobre os relacionamentos anteriores de vocês, mas nada sobre seus antecedentes familiares. Talvez possamos pensar juntos no que está no cerne desses sentimentos perturbadores se compreendermos melhor como vocês cresceram.

Eu sabia que, sem uma visão mais ampla da família dos dois, eu continuaria perdida no oceano. Precisava ter uma ideia do que eles estariam repetindo do passado e tentando solucionar, para poder começar a ajudá-los. Achei que hesitariam em me contar muita coisa, mas Kelly Anne topou de imediato.

– Eu começo.

Ela contou que, quando era pequena, tinha morado com a mãe e a avó no Kentucky, mas, aos 7 anos, tinha se mudado para a Costa Leste com a mãe, o novo namorado dela e os três filhos dele. Kelly Anne gostava do irmão de criação e se mantivera em contato com ele e a cunhada, mas nunca se entendeu com as duas irmãs e sentia uma falta enorme da avó.

– Meu padrasto era um ditador, um completo maníaco por controle. Brigávamos muito. Fui embora de casa assim que pude. Aos 17 anos, voltei para o Kentucky, para morar com minha avó, e fui para a faculdade. Nunca mais voltei para casa. Minha mãe e meu padrasto eram tóxicos juntos. Eles se divorciaram há uns dez anos.

– Tóxicos? Em que sentido? – perguntei.

E então ela me contou que o padrasto era muito esquisito. Tinha "fobia" de tudo e, quando ela chegou à adolescência, ficou mais estranho e "esquisito" com ela. Eu a olhei com um ar inquisitivo, mas ficou claro que ela não queria dizer mais nada.

– Meu pai verdadeiro ainda mora perto da casa da minha

avó e, de vez em quando, eu o via na calçada e ele me dava oi com a mão. Estava sempre no bar e, uma vez, nós conversamos, mas acho que foi principalmente porque ele queria que eu comprasse bebida para ele. – Kelly Anne soltou um grunhido, suspirou e deu de ombros.

– Sua infância foi bastante caótica, Kelly Anne. Parece que deixar a sua avó foi realmente doloroso, não foi?

– Foi. Ela é a única pessoa da minha família de quem eu sou próxima de verdade. Vai fazer 90 anos e está numa casa de repouso e, desde que eu vim para Londres, e com a covid e tudo mais, ainda não a vi, nem uma única vez... – Lágrimas começaram a rolar lentamente por seu rosto. Darryl segurou a mão dela. Ela se encostou no marido e ele a abraçou em silêncio por um momento.

Não falei mais nada, mas pude sentir meus sentimentos por ela mudarem, porque agora eu me identificava com a parte infantil de Kelly Anne e sentia como sua vida tinha sido complicada. À medida que introduzi sua experiência em minha mente, eu me senti renascer com as conexões. Que desafio devia ter sido ter a mãe e a avó sempre ao lado e, de repente, perder uma das pessoas mais importantes da sua vida. E como devia ter sido difícil para Kelly Anne compartilhar a mãe com o novo padrasto e com outras três crianças. Comecei a sentir mais simpatia por suas dificuldades com Natalie. Dividir Darryl com as filhas dele talvez fosse muito parecido com o que ela tivera de fazer na infância. Ficamos em silêncio enquanto Kelly Anne se recuperava, e então me voltei para Darryl.

– E a sua família? Pode me falar um pouco dela?

– O que você quer saber? – perguntou.

Mas não tive chance de responder, porque ele se lançou na história de sua vida e não houve como detê-lo. Contou que tinha crescido em Inverness, que o pai era veterinário e a mãe, enfermeira. Eram muito religiosos e a vida da família girava em torno da igreja. A mãe gostava mais do irmão mais velho, que era um atleta de sucesso e brilhante na escola. O pai, por outro lado, preferia a irmã caçula, que depois também se tornou veterinária e assumiu a clínica paterna. Darryl disse que sempre soube que não receberia a atenção dada ao irmão e à irmã, mas tudo bem, porque tinha muita liberdade. As pessoas realmente pareciam não esperar grande coisa dele e não reclamaram quando ele resolveu abandonar a escola, aos 16 anos, e entrar na Marinha. Darryl falou longamente sobre a grande experiência que tinha sido a Marinha, e sobre como isso o ajudara a crescer e adquirir a confiança de que precisava para abrir seu próprio negócio. Em seguida, ele contou de sua carreira e detalhou suas várias realizações – as empresas que havia aberto e vendido. Descreveu a ideia inteligente por trás de sua empresa atual e disse até onde planejava levá-la. Aos poucos, percebi que o que estava acontecendo ali no consultório parecia espelhar sua maneira de lidar com o passado.

– Darryl, notei que você deu umas pinceladas superficiais sobre sua infância e logo passou para o momento em que saiu de casa. Parece que, como a Kelly Anne, você teve alguns problemas bastante desafiadores na família e, assim como sua esposa, fugiu deles o mais rápido que pôde. E agora, aqui, falando comigo, você parou rapidinho de pensar no passado.

Ele parecia curioso, porém não disse nada, de modo que continuei:

– Você se importa se voltarmos à sua infância, só um pouquinho? Só tive um vislumbre dela. Como era a relação dos seus pais, por exemplo?

– Ah, meu Deus – riu. – Eles se detestavam. Não aguentavam nem ficar no mesmo cômodo. Não deviam ter ficado juntos, mas, sabe como é, eles eram muito ligados à igreja e por isso... – Deu de ombros, num gesto de resignação. – Minha irmã passava o tempo todo com meu pai, e minha mãe estava sempre com o Douglas, meu irmão. Eu? Eu ficava fora disso. Ninguém me incomodava se eu não atrapalhasse.

– Você fala como se tudo tivesse sido bem tranquilo, como se, na verdade, essa situação fosse boa para você. Mas eu queria saber se, em algum momento, você se sentia, e talvez ainda se sinta agora, muito negligenciado, deixado de lado.

– Pode ser – disse ele, educadamente, mas percebi que não estava interessado em mergulhar mais fundo.

Apesar disso, continuei:

– Você acha que esse sentimento de não receber atenção suficiente é algo que vocês dois têm em comum? Pelo que escutei, a Kelly Anne achou bem difícil ter que de repente dividir a mãe com um novo padrasto e novos irmãos de criação. E quanto a você, Darryl, você fala como se *nunca* tivesse achado que vinha em primeiro lugar. Fico pensando se algumas das discussões sobre a Natalie não se devem à dificuldade de cada um de vocês de dividir o outro com outra pessoa. Faz pouco tempo que vocês estão juntos e, logo de saída, têm que abrir espaço no relacionamento de vocês para a Natalie e a Cathy. Será, Kelly Anne, que seria meio cedo demais para compartilhar o Darryl com as filhas dele?

Os dois se entreolharam e fizeram que sim e, por um momento, achei que havíamos chegado a algum lugar e que aquilo era um começo. Passado um momento, no entanto, Darryl deu a impressão de que estava me descartando ao dizer, com ar displicente:

– Acho que nenhum de nós tem dificuldade de compartilhar. Nós dois somos grandes doadores! – E deu uma risada e um tapinha na mão de Kelly Anne, para lhe dizer que estava na hora de irem embora.

Depois que eles saíram, tentei juntar as peças. Pude perceber que, por fora, ambos haviam adotado uma espécie de persona bem displicente, do tipo "não estou nem aí". Aquela carapaça em volta deles era dura e quebradiça, e minhas tentativas de penetrá-la foram quase todas um fracasso. Mas ambos haviam descrito infâncias em que tinham sido privados de atenção, e também achei que talvez houvesse algo mais obscuro na experiência de Kelly Anne, algo de que ela evitara falar.

Seria possível que a intimidade entre pai ou figuras paternas e filhas estivesse despertando nela algo muito alarmante? Seria por isso que ela era tão hostil à relação de Darryl com a filha mais velha? Será que sua preocupação com a maneira de Natalie se vestir também era uma dica? Estava claro que alguma coisa na sexualidade emergente de Natalie a incomodava.

Também me perguntei sobre a experiência *dele* de ser sempre deixado de lado na família e sobre ser essa, naquele momento, exatamente a experiência que *Kelly Anne* vinha tendo com as filhas dele. Estaria Darryl projetando seus sentimentos competitivos em Kelly Anne? Todas as correntes do passado dos dois, todos os seus muitos temores e fantasias estavam por trás das dificuldades atuais entre os dois. Essas questões não resolvidas haviam unido aquele casal e, agora, as mesmas coisas os estavam separando.

Mas nunca cheguei a descobrir se alguma de minhas especulações era válida em algum sentido. Eles não apareceram na semana seguinte e, quando entrei em contato para descobrir o porquê, Kelly Anne disse que eles tinham se separado outra vez. Tornei a escrever, estimulando-os a virem explorar juntos se era realmente aquilo que queriam. Não tive nenhuma notícia deles durante três semanas e, então, recebi uma mensagem curta de Darryl, dizendo que eles haviam dado início ao processo de divórcio – portanto, obrigado, mas não.

Penso que as dificuldades de Darryl e Kelly Anne deviam ser muito profundas, mas, se eles tivessem continuado a análise, creio que eu poderia tê-los ajudado. Seu casamento parecia ter sido uma fuga – dos relacionamentos anteriores e das dores do passado. Eles se casaram com uma rapidez vertiginosa, criando a ilusão de que tudo poderia ser deixado para trás e de que não precisariam sofrer por nada doloroso nem confrontar qualquer questão que fosse.

Fazer mudanças e enfrentar os fantasmas que assombram e moldam nossa vida são coisas difíceis de fazer, e a maioria de nós encontra maneiras de não olhar muito a fundo. Parece que preferimos deslizar a foto para a direita, arranjar um novo amor, tomar uma bebida, comprar um vestido novo ou, simplesmente, fingir que não enxergamos. A sociedade nos estimula a andar depressa porque andar devagar custa dinheiro. Até o serviço de saúde mental do National Health Service gosta da "solução rápida" da terapia cognitivo-comportamental, apesar de sua incapacidade de "solucionar" os problemas de muita gente. Em vez disso, os pacientes dão voltas e mais voltas pelo sistema, numa busca desesperada por algo que a terapia de curto prazo não tem como oferecer.

Desde a infância, Kelly Anne e Darryl tinham encontrado um jeito de lidar com sua mágoa e sua dor: simplesmente seguiam adiante. E agora estavam fazendo isso de novo, seguindo adiante e para longe um do outro e de mim. E, sem um único olhar para trás, tudo acabou.

Reggie e Lawrence brincam de bobinho

Assim que Reggie e Lawrence começaram a falar, eu me senti otimista quanto à possibilidade de ajudá-los. Eles tinham vindo, apressaram-se em me garantir, não por terem tido algum problema, mas porque estavam preocupados com o fato de que o filho de 25 anos parecia encostado.

– Encostado? – perguntei.

– É, encostado em casa – disse Lawrence. – Acho que até a Reggie concorda que está na hora de ele seguir em frente.

Reggie, com um suspiro de resignação, meneou a cabeça em sinal de concordância.

À medida que me falaram mais de seu filho, Woody, fui notando como era difícil me concentrar neles dois. Estavam sentados no meu divã o mais afastados possível um do outro e, conforme iam falando, eu me senti como uma espectadora em Wimbledon, virando a cabeça de um lado para o outro, acompanhando o instante em que cada um fazia a sua jogada. Em vários momentos, eles se interrompiam e discordavam, ansiosos por me relatar sua versão "verdadeira" dos fatos. No fim da primeira sessão, eu estava exausta. Apesar desse cansaço, no entanto, tive uma sensação boa de que eles haviam achado a sessão útil. Precisavam de muito apoio, mas eu tinha esperança de poder ajudá-los e, com isso, ajudar Woody a levar sua vida em frente.

Na sessão seguinte, eles tornaram a se sentar bem afastados. Por baixo do casaco bege-acinzentado, vi que Reggie usava uma malha listrada e um vestido de veludo cotelê laranja. Suas roupas coloridas lhe davam a aparência de uma apresentadora de programa infantil. Lawrence se vestia como um lavrador – calças marrons grossas e paletó de tecido áspero, meio parecido com tweed, cobrindo a camisa quadriculada. Estava de barba feita, e o cabelo comprido, já meio ralo, era penteado para trás e caía suavemente sobre os ombros. Eles me disseram que eram jardineiros e, pelos rostos curtidos e as mãos calejadas, percebi que passavam muito tempo ao ar livre.

– Eu queria dizer, Susanna, que o nosso último encontro foi muito útil. Senti que você "sacou" mesmo os problemas e naquela noite, depois que chegamos em casa, tive uma longa conversa com o Woody, e parece que avançamos um pouco – disse Lawrence.

Assim que ele fez uma pausa para respirar, Reggie o interrompeu:

– Não sabia que você tinha falado com o Woody na semana passada. Você não me contou. *Eu* também conversei com ele. Na sexta-feira. Quando foi que vocês conversaram? Antes ou depois?

– Que importância tem isso? – rebateu Lawrence, levantando as mãos num gesto de exasperação. Ele se virou para mim e, num tom muito mais razoável, começou a me falar que achava ter realmente estabelecido uma ligação com Woody, e que Woody havia concordado em fazer umas coisas em casa e, quem sabe, ajudar os dois em alguns trabalhos quando terminasse sua dissertação.

– Dissertação? – indaguei.

– Você fez o quê?! – questionou Reggie, me ignorando. – Por que você disse que ele podia trabalhar com a gente? Você sabe que ele detesta jardinagem, e como é que ele vai ser mais independente se estiver trabalhando para nós? Não tem como, não é?

Esse toma lá dá cá continuou em marcha acelerada e tive que trabalhar dobrado para administrar a sessão, de modo que cada um pudesse falar. Os dois pareciam aceitar todas as minhas intervenções e me peguei gostando muito deles; sua paixão e seu compromisso eram evidentes. Por outro lado, confesso que fiquei irritada com Woody, que me parecia ser muito egoísta, preguiçoso e cheio de privilégios. Ele precisa de um tratamento mais firme, pensei com meus botões, porém Reggie e Lawrence pareciam decididos a se alternar na proteção do filho, de um modo ou de outro.

Na sessão seguinte, eles chegaram de botas pesadas e cobertas de lama, que trataram de desamarrar e deixar junto à porta, andando de meias até o divã. Reggie falou primeiro, sorrindo para mim e me perguntando como eu estava.

– Queria falar do que aconteceu terça à noite – disse ela olhando para Lawrence, que concordou com a cabeça. – Acho que seria útil, porque é um ótimo exemplo do que acontece com o Woody o tempo todo.

– Foi na terça mesmo? – interrompeu Lawrence, de repente. – Acho que foi na quarta, quando voltamos de Kingston.

– Não importa que dia foi – retrucou Reggie em tom frio, arqueando as sobrancelhas com desdém e olhando para mim em busca de aprovação.

Antes que eles dessem início à sua picuinha habitual, eu os interrompi:

– Vamos voltar ao que vocês iam me dizer? Acho que vocês dois querem que eu escute.

E eles fizeram que sim, concordando. Lawrence estava prestes a falar quando Reggie o silenciou com um olhar feroz e assumiu as rédeas.

– Tínhamos acabado de voltar. De Kingston. Estamos trabalhando num projeto grande por lá, um projeto enorme, na verdade. Eu estava pregada, nós dois estávamos. E, como sempre, o Woody estava na sala de jantar, jogando Xbox, e a cozinha estava ab-so-lu-ta-men-te *imunda*! Era óbvio que ele tinha passado o dia inteiro lá; estava cheio de xícaras, pratos, copos. E ele tinha fumado, dava para sentir o cheiro, e eu disse para ele, com toda a delicadeza: "Por favor, arrume tudo."

Lawrence deu um bufo desdenhoso.

– Eu falei com delicadeza, sim – reagiu Reggie, voltando-se contra Lawrence.

– Eu não disse nada!

E lá se foram os dois, mais uma vez, implicando um com o outro a respeito da atitude de Woody e de como a versão de Reggie sobre o que tinha acontecido estava totalmente errada, ou totalmente certa.

Levantei a mão.

– Parem! Vamos só tentar pensar juntos, até o fim, no que aconteceu. – E os dois me olharam com ar de culpa e ficaram quietos.

– Não quero começar outra briga, mas, falando sério, Lawrie, por que você nunca me apoia? A gente fez um acordo... Nós tínhamos concordado, não tínhamos? Que íamos pedir para ele ajudar mais, e aí, assim que eu o questiono, você sai correndo em defesa dele. Por quê? Você me faz parecer uma megera. E eu não acho que sou.

– Você parte pra cima dele. Você sabe o que você faz. Tipo, ele está cuidando das coisas dele, e você parte pra cima assim que a gente entra em casa. Sei lá, parece que você não dá nem uma chance a ele. E depois vem pra cima de mim por eu não fazer isso ou aquilo, ou por não *apoiar* você – concluiu Lawrence, cuspindo desdenhosamente a penúltima palavra.

– Será que alguma vez acontece o contrário? – perguntei.

Eles me olharam, intrigados.

– Às vezes... sim – respondeu Lawrence, hesitante. – Não tanto nos últimos tempos, mas com certeza quando ele era menor. Você nunca me deixava brigar com ele... nunca. *Nunca*! Não quando ele era pequeno, de jeito nenhum! Você é igualzinha a mim – concluiu Lawrence, triunfante.

Continuaram a brigar um com o outro sobre quem tinha se envolvido mais na criação de Woody e quem tinha sido mais dedicado quando Woody era menor. Eu estava me perguntando para onde aquilo nos levaria quando Reggie começou a falar num tom diferente.

– O que você não sabe, Susanna, é que, na verdade, eu ia ter outro filho antes do Woody, mais ou menos um ano antes de ele nascer. Mas no fim da gravidez acabei tendo um aborto espontâneo.

– O neném nasceu morto, não foi, Reg? Não foi de fato um aborto espontâneo – interpôs Lawrence.

E então eles me falaram do filho que tinham perdido, apenas um mês antes da data em que deveria nascer. Nunca descobriram por que ele tinha morrido. A gravidez havia corrido bem e ambos estavam muito felizes, e um dia, de repente, o bebê parou de se mexer. Enquanto falavam, os dois pareciam reviver o horror daquilo tudo. Reggie soluçou e Lawrence ficou com o olhar perdido, e também meus olhos marejaram. No entanto, depois que a sessão terminou, também me perguntei por que Reggie havia chamado aquilo de aborto espontâneo. Será que soava menos traumático? Mais "normal", de algum modo?

* * *

Com o passar das semanas, ficou mais claro que *ambos* tinham dificuldade de ser firmes com Woody. Discutimos que essas dificuldades parentais eram tanto de Reggie quanto de Lawrence, uma vez que eles se alternavam em repreender o filho e, depois, desculpá-lo. Reggie censurava Woody com frequência por não fazer nada em casa, ou o criticava por seu trabalho acadêmico, mas, no minuto seguinte, ia preparar um lanche para ele, ou lavar sua roupa e pagar sua conta de celular.

Em algum momento, como quase sempre acontece quando os casais vêm discutir problemas com os filhos, Reggie e Lawrence pararam de falar de Woody e começaram a falar deles mesmos. Havia uma decepção dolorosa em sua vida sexual, que tinha minguado por completo, e agora eles nunca desfrutavam da intimidade um com o outro. Não ficou claro por que eles pararam de ter relações sexuais, uma vez que ambos declararam sentir falta desses momentos. Ainda assim, nenhum dos dois era capaz de tomar a iniciativa. Nenhum deles, no silêncio escuro da noite, fazia um gesto de aproximação para o outro. Era como se estivessem congelados, cheios de desejo, mas petrificados, como sarcófagos de mármore na cama.

Apesar de sentir seu incômodo, resolvi ser mais direta a respeito dessa falta de relações físicas. Perguntei quando o sexo havia começado a diminuir e se eles tinham alguma ideia de por que isso havia acontecido. Nesse ponto, eles começaram a achar problemático vir juntos às sessões. Numa semana, Lawrence ficava com tanta dor nas costas que não podia vir. Na seguinte, Reggie tinha que visitar a mãe. Depois, Lawrence tinha uma consulta com o dentista que não podia ser remarcada, e Reggie tinha que levar Woody a uma entrevista de emprego. E assim fui recebendo cada um alternadamente, e confesso que levei algumas semanas para estabelecer a ligação com o fato de que investigar a vida sexual deles em conjunto era algo a que, inconscientemente, ambos resistiam.

Estávamos em novembro e fazia um frio cortante quando enfim voltei a recebê-los juntos no consultório. O aquecimento da sala estava com defeito, de modo que tivemos que nos contentar com um aquecedor elétrico barulhento e pouco eficaz.

– O Woody arranjou um emprego! – disse Lawrence, empolgado.

– Ele está trabalhando num abrigo para idosos – acrescentou Reggie, rindo.

– Coitados dos idosos – brincou Lawrence.

E então os dois competiram para me dar mais detalhes da novidade, e, mais uma vez, fiquei virando a cabeça de um lado para o outro, na tentativa de escutar os dois igualmente. E aí, como de praxe, eles começaram a se alfinetar.

– Nem sei por que *você* está falando disso com a Susanna. Você era contra ele arranjar emprego até terminar o mestrado – disse Lawrence, com raiva.

– Que mentira! Fui *eu* que o levei à entrevista – rebateu Reggie, mal-humorada, me olhando de relance. – *Eu* o ajudei a enviar o currículo. Você acha mesmo que *você* é o único que faz alguma coisa para o Woody?

– Você *sempre* teve ciúme do nosso relacionamento. Sempre. Nunca me deixa ter um tempo a sós com o Woody. Nem tudo diz respeito a você, sua estraga-prazeres.

De repente me ocorreu que eu era Woody. Ou melhor, havia algo semelhante na maneira de eles se relacionarem comigo e com o filho. Eles me disputavam do mesmo modo que disputavam Woody. Estava acontecendo ali, naquele exato momento. Enquanto brigavam, os dois ficavam de olho em como eu reagia, em qual dos lados eu ia criticar, e fiquei com aquele velho e conhecido sentimento de "Wimbledon", no esforço de escutar e prestar atenção nos dois.

– Parece que vocês acham que o Woody não se relaciona

com vocês como casal. E isso significa que têm de competir pelo amor dele. Eu me pergunto se vocês sentem algo parecido em relação a mim. Ambos ficam tentando ver de qual dos dois eu gosto mais. Acho que vocês acreditam que apenas um de vocês pode ter minha atenção, meu cuidado, e que o outro, portanto, vai ser completamente ignorado ou abandonado. Será que não conseguem imaginar que eu seja capaz de ter consideração pelos dois?

Eles pararam com a picuinha e começaram a me assegurar que não era isso. Ambos achavam que eu era totalmente imparcial, disseram, e essa era uma das razões por que se sentiam seguros comigo. Mas, claramente, alguma coisa ecoou neles, pois naquele momento começaram a examinar sua competitividade. Riram ao contar como se comportavam quando jogavam alguma coisa e reconheceram que eram capazes de transformar tudo numa disputa.

– Quando eram pequenos, vocês competiam com seus respectivos irmãos? – perguntei.

– Minha irmã era tão mais velha que eu me sentia mais como filha única. Eu era decididamente a favorita do meu pai, não era? – começou Reggie, buscando uma confirmação em Lawrence. – Ele sempre ficava do meu lado. Quando a minha mãe ficava brava comigo, ele sempre dava uma bronca nela. Depois que ele morreu, eu me aproximei muito mais dela. – Reggie fez uma pausa. – Eu me sentia... ainda me sinto... meio culpada pela maneira como a tratava quando eu era adolescente. – Eu a observei digerir o que acabara de me dizer. – Eu detestaria pensar que estou fazendo a mesma coisa com o Woody... Não quero que ele se sinta o "bobinho", como acontecia comigo.

– Bobinho? – repeti, buscando mais informações.

– É, aquela pessoa que tenta pegar a bola enquanto dois

jogadores ficam passando de um para o outro. Bem, eles viviam brigando. Minha mãe vivia agredindo meu pai por causa de uma coisa ou outra. Em geral, dinheiro – disse ela, com ar tristonho. – Acho que *eu* sentia pena dele e, como minha mãe também implicava comigo, *ele* sentia pena de mim.

– Parece que você e seu pai tinham uma espécie de ligação especial, não é? – arrisquei. Ela fez que sim. – Que excluía sua mãe – prossegui.

Reggie tornou a fazer que sim, e então notou que Lawrence parecia perplexo. Fez seu gesto característico como quem pergunta: "O que foi?"

– Mas o seu pai amava sua mãe. Era dedicado a ela. Eu nunca vi os dois brigarem. Eles pareciam... unidos, muito próximos. Pelo menos para mim.

– Isso foi depois que eu saí de casa. Acho que mudou depois que eu saí. Você não os viu antes disso. Existe um antes e um depois. Eles brigavam feito cão e gato.

Falamos mais da infância de Reggie e de quanto ela lamentava nunca ter tido uma irmã ou um irmão por perto, e então, de repente, os dois começaram a falar do bebê perdido. Eu tinha quase me esquecido dele – fazia muitos meses desde aquela conversa –, mas naquela hora ele pareceu muito importante.

– Queria ter tido dois filhos. Um não é suficiente – disse Lawrence, com um sorriso tristonho. E, em seguida, falou de como tinha sido crescer com cinco irmãos e irmãs: uma experiência muito marcante e distinta da de Reggie. – Era ótimo, em muitos sentidos. Eu nunca estava sozinho. Sempre tinha alguém com quem brincar... ou brigar. Sempre achei meio triste para o Woody, ele só tem a nós...

– Mas acho que, às vezes, devia ser difícil receber atenção, não? – comentei. – Atenção dos seus pais, por exemplo.

– Mais ou menos – respondeu Lawrence, com ar pensativo.

Estávamos no fim da sessão e tive a impressão de que havíamos chegado a algum lugar. Aonde, eu não sabia ao certo, mas alguma coisa estava mudando. Eu sabia que as questões com que aquele casal lutava giravam em torno do problema dos trios. Era como se eles realmente acreditassem no velho ditado que diz que "um é pouco, dois é bom, três é demais". Um demais em que era improvável a pessoa ser vista ou notada.

Semanas se passaram e Reggie e Lawrence foram progredindo lentamente. Continuaram a implicar um com o outro a respeito de quem estava fazendo o quê e se Woody estava fazendo sua parte, mas a briga dos dois parecia menos ressentida e tínhamos cada vez mais momentos de reflexão. Tive a impressão de que Woody também estava se saindo melhor; as velhas brigas a seu respeito tinham diminuído. Ele tinha arranjado uma namorada chamada Maya, embora nem Reggie nem Lawrence tivessem permissão para conhecê-la. No entanto, estava claro que Woody vinha saindo mais e já não ficava sempre em casa jogando Xbox.

E então, numa dada semana, eles chegaram e eu soube de imediato que havia alguma coisa errada.

Nenhum dos dois falou durante um bom tempo; evitaram olhar um para o outro e até para mim. Ficamos sentados em silêncio, e o tique-taque do relógio era o único acompanhamento do silêncio que se aprofundava. Ouvi as crianças saindo da escola em frente à minha casa.

– Hoje está difícil começar? – acabei perguntando.

E nada. Passamos mais um tempo sentados e senti a tensão aumentar. Um pouco depois, tentei de novo.

– Será que vocês estão nervosos demais para falar?

Isso pareceu mexer com Reggie, que me olhou como se notasse minha presença pela primeira vez. Deu um sorriso gentil e achei que estava tentando pedir desculpas pela falta de resposta dos dois.

– Acho que devemos explicar. – A voz de Lawrence quase me sobressaltou ao romper aquele pesado silêncio. Ele então me disse que acontecera uma briga terrível na noite anterior, que havia culminado com Woody fazendo as malas e saindo de casa. Eles não sabiam ao certo para onde o filho tinha ido, mas achavam que tinha sido para a casa da namorada. Depois disso, eles ficaram alguns minutos falando nervosamente sobre o que deveriam fazer. Tinham tentado ligar várias vezes para o celular de Woody, mas estava desligado, e telefonaram para alguns amigos dele, mas parecia que eles não sabiam onde ele estava. O casal não tinha o telefone de Maya nem sabia onde ela morava. Enquanto eles falavam, pude sentir o medo crescendo e, com isso, ambos foram ficando com mais raiva e fazendo mais acusações.

– Se ele não voltar, eu nunca vou perdoar você – cuspiu Reggie.

– Não vou ser seu saco de pancada. Você não vai fazer o que sempre faz: dizer que é tudo culpa minha. Foi você que ficou em cima dele, não eu. Como sempre. Se você não tivesse ficado reclamando do carro sujo, ele não teria ido embora. Mas você simplesmente não consegue calar a boca. Ele já tinha feito um monte de coisas.

– Ele não tinha feito um monte de coisas, isso é mentira. Você quer que eu cuide de VOCÊ e dele. E eu sou o quê, a mãe de vocês dois? Ele não precisa mais de mim como mãe... não foi a essa conclusão que chegamos aqui com a Susanna? O que ele precisa é que você se manifeste e seja um bom pai, pelo amor de Deus. Dê o exemplo, pare de choramingar comigo!

Os dois fizeram pouco progresso nessa sessão, e, quando saíram, indignados, fiquei preocupada com eles. Naquela noite, acordei no meio da madrugada me perguntando para onde Woody teria ido e se estava em segurança.

Semanas se passaram e Woody não voltou nem entrou em contato com os pais, não respondeu às mensagens nem atendeu as ligações dos dois; ele os barrou completamente. Vi Reggie e Lawrence desmoronarem, e foi desolador. Sessão após sessão, eles choravam e brigavam, choravam e brigavam, e tudo o que eu podia fazer era ficar ao lado deles, na raiva e na tristeza. Em muitos momentos, contive minhas próprias lágrimas, enquanto eles tentavam lidar com a ausência do filho. Sabiam que ele estava em segurança; um dos amigos dele tinha dito que Woody estava bem, morando com Maya na zona sul de Londres. Eles também viram que Woody estava postando coisas em suas redes sociais, mas havia mudado o número do celular e não respondia por e-mail. Ele os havia deixado, abandonado, e aquela era uma forma cruel e amarga de partir.

Eu disse a Reggie e Lawrence que achava que Woody havia considerado que aquela era a única maneira de se separar deles, e que tivera de mobilizar toda a raiva que sentia para poder sair do colo macio dos pais. Talvez essa ideia os tenha ajudado um pouco, não tenho certeza. Lawrence não conseguia dormir, e o médico receitou uns soníferos; Reggie estava com dificuldade de levantar da cama de manhã, e o médico prescreveu antidepressivos. Os dois não tinham forças para fazer o que quer que fosse e não tinham alternativa senão esperar e torcer pelo retorno do filho, e eu esperei e torci junto com eles.

Às vezes, é claro, eles odiavam o filho, mas isso nunca durava muito. Reservavam sua raiva mais profunda a Maya, que decidiram ser uma bruxa, uma vaca e coisas piores, por ter roubado Woody deles. Tentei ajudá-los a ver que Woody era um adulto e tinha feito suas próprias escolhas. E quem sabe Maya não estivesse pedindo que ele entrasse em contato com os pais?

Para alguns casais, isso poderia ter sido motivo de união, mas Woody era a cola que os unia; sem ele presente, restava o quê? O casal começou a falar em separação, com Reggie tomando a dianteira. Ela resolveu que não queria mais trabalhar com Lawrence, que estava velha demais para fazer jardinagem, e aceitou um emprego numa livraria local, cuja dona era uma amiga. Lawrence ficou emburrado e se recolheu na oficina de casa, onde, longe dos olhos de Reggie, tocava seu violão horas a fio. O ninho dos dois tinha se esvaziado e eles se viram apenas diante um do outro e do que havia restado entre os dois.

Muitos casais, depois de terem filhos, perdem a ligação. Muitas vezes, esse problema está relacionado a um sentimento de que a intimidade entre os dois é uma exclusão cruel para os filhos. E, quando têm um único filho, esse problema pode ser ainda pior. A vida familiar passa a girar em torno da criança e de suas necessidades, mas, quando o filho ou a filha saem de casa (e, nessa situação, eles costumam levar muito mais tempo para sair), o casal se vê sem um relacionamento a que recorrer.

Embora eu tentasse com afinco, senti que, durante aquele período, não conseguia alcançar Lawrence nem Reggie. O ferimento deles ainda estava cicatrizando e eles pareciam resignados com a ideia de que seu casamento também tinha acabado. Culpavam um ao outro pelo que havia acontecido, atirando um no outro a culpa e o sentimento de fracasso que vivenciavam por dentro. Esqueceram o que haviam compartilhado, a vida que tinham construído. Nas sessões, era comum eles restabelecerem o contato, mas era como se estar juntos sem Woody fosse doloroso demais. Passado quase um ano desde a fuga de Woody, Lawrence foi morar com a irmã, Iris.

Apesar da separação, eles continuaram vindo ao meu consultório. Acho que, àquela altura, eu era uma espécie de âncora num mar cada vez mais tenebroso. Talvez eu os religasse à esperança, ao amor e um ao outro, quem sabe?

E então, três semanas depois de Lawrence se mudar, Woody apareceu à porta de Reggie, com a mala na mão. Fiquei fascinada com aquilo; achei extraordinário que Woody voltasse justamente depois de Lawrence sair. O que significaria aquilo? Será que Woody não tinha mais conseguido aguentar o trio e por isso fora embora? Será que, agora, a ausência de Lawrence deixava um espaço que Woody podia ocupar, permitindo que tivesse Reggie só para si? Seria uma simples questão de que agora ele não teria que ser o "bobinho"? Ou será que ele achava que não podia deixar a pobre mãe sozinha?

Numa manhã luminosa e fresca de abril, duas semanas depois, Reggie e Lawrence chegaram juntos para a sessão. Eu os ouvi conversando e rindo ao atravessarem o portão e sorri comigo mesma, perguntando-me se eles estariam se reaproximando.

Naquele dia, não houve hesitação quando Lawrence tirou sua parca bege surrada.

– Passamos uma semana ótima. Temos um monte de coisas para contar. – Olhou de relance para Reggie, que balançou a cabeça em sinal de concordância. – Conversamos direito com o Woody. Foi uma conversa incômoda, mas muito, muito útil. Eu me senti muuuito aliviado. Você também, não, Reg?

– Sim, sim. Devo contar a ela o que ele disse?

– Com certeza – respondeu Lawrence. Fiquei impressionada ao ver que, finalmente, eles pareciam estar agindo como um casal.

– Bem, passamos horas conversando na última terça. Foi... incrível. Não sei nem como dizer, Susanna. Foi como... renascer. – Reggie riu. – O que você disse na semana passada sobre nós precisarmos ser uma família realmente ajudou. Depois de ver você, fomos almoçar fora e concordamos que não podíamos deixar que ele nos "rachasse", sabe, como você descreveu, e que precisávamos ser um time. Aquilo que você disse, "Lembrem que vocês estão no mesmo time", realmente nos alertou. Porque o problema sempre foi esse, não é? Não saber que estávamos do mesmo lado. Assim, fomos para casa e chamamos Woody para conversar. Ele pareceu bem assustado e eu também fiquei assustada. Achei que ele poderia fugir de novo.

– Fui jantar em casa na noite seguinte – disse Lawrence, tomando as rédeas, animado. – Estava me borrando de medo, para ser sincero, mas o Woody pediu desculpas. Ele só precisava se afastar um pouco, porque estava farto de nós.

– Ele disse a vocês do que estava farto? – perguntei.

– Das nossas brigas. Das brigas e... da implicância – respondeu Lawrence. – Disse que não havia espaço para ele, o que é irônico. Que nós brigávamos o tempo todo por causa dele, mas ele nunca tinha chance de falar.

– É, e de ficarmos focados demais no trabalho – acrescentou Reggie.

– É, mais ou menos. Mas isso não foi o principal. Eram mais as nossas brigas, não é?

Percebi que eles estavam prestes a entrar numa disputa e apontei a ironia daquilo, e todos rimos. Pensei em como, em inúmeras ocasiões, eu tive uma experiência semelhante à de Woody. Todos os dias eu me sentia dilacerada entre os dois, o que também me dava a impressão de ser importante, pelo fato de eles quererem minha aprovação e minha atenção. Mas, não raro, também me sentia impotente. A competitividade entre eles os deixava tão concentrados um no outro que parecia não haver espaço para mais ninguém. Exceto, talvez, na condição de árbitro. Pensei na solidão disso para uma criança e na situação execrável de ser o tal "bobinho". Estava claro que Woody se sentira negligenciado e, ao ir embora, tinha feito *os dois* se sentirem negligenciados e desdenhados, como ele próprio se sentia.

Houve muitas mudanças depois disso. Compreendemos todos essas pontas soltas e eles começaram a reconhecer como era difícil, para Woody, assim como para eles próprios, permanecer naquele trio. No mundo interior deles, parecia que sempre existiria o perigo de que alguém fosse deixado de fora, e eles brigavam a respeito de quem seria essa pessoa. Cada um deles, ao competir para ser o melhor e o mais amado pelo filho, era indulgente demais com Woody. Mas, na luta de ambos pela vitória, as verdadeiras necessidades afetivas de Woody eram deixadas de lado. E ninguém saía vencedor.

Numa sessão não muito antes de eles pararem de vir, Reggie falou de como ficava nervosa quando transava com Lawrence na época em que Woody era pequeno. Tinha medo de que ele acordasse e precisasse dos dois, e de que eles não ouvissem o choro dele. Examinamos como, no fundo, eles haviam sentido culpa por sua intimidade, fosse ela sexual ou qualquer outra, porque, se fossem íntimos, estariam excluindo Woody. Essa dinâmica edipiana havia permeado o sistema familiar, moldando tudo.

E então Woody tornou a se mudar, dessa vez para morar com um amigo, e, quase de imediato, Lawrence voltou para sua casa. Ficou no quarto de hóspedes, e parecia que ele e Reggie se sentiam à vontade com isso. Era como se precisassem estar mais separados. Eles terminaram a terapia com uma gratidão silenciosa. Achei que haviam crescido muito; ambos estavam muito mais moderados e brigavam bem menos – mas quem sabe se também compartilhavam menos?

Todos os casais têm que aprender a aceitar as limitações de seu relacionamento. Alguns tentam lidar com as decepções evitando as coisas, ou encontrando consolo em outros lugares.

Outros, como Reggie e Lawrence, parecem travar uma longa batalha passional para conseguir o que desejam, e, de certo modo, essas batalhas mantêm os parceiros muito absortos um no outro. A maioria dos casais, com o passar dos anos, para com a *maioria* das brigas. Os processos naturais do envelhecimento nos tornam mais cientes do custo desses conflitos, e, cansados das batalhas, aceitamos aos poucos a pessoa amada como ela realmente é, e reconhecemos que algumas coisas simplesmente são como são. Por isso, o casal reduz suas expectativas em relação ao outro e, quando isso acontece, há menos desapontamento e mais capacidade de cada um apreciar e agradecer pelo que se tem.

Posfácio

Muitos leitores poderão achar frustrantes alguns aspectos das histórias que contei aqui. Talvez queiram mais detalhes, mais clareza e, em especial, resultados mais evidentes e mais seguros. Sinto muito, mas só posso dizer que essa frustração é a mesma que todo terapeuta vivencia diariamente. Na verdade, nunca há como conhecer com exatidão o inconsciente – se isso fosse possível, ele não seria inconsciente, não é? Nossa única esperança é sondar algumas profundezas e aprender a notar os sinais de alerta que de tempos em tempos aparecem na superfície. Compreender é sempre especular, e a compreensão só é significativa quando é significativa para o paciente.

Muitos desses capítulos terminam sem nenhuma conclusão, com os pacientes simplesmente saindo de cena e da página. Não posso pedir desculpas por essa ausência – ela é exatamente a que eu vivencio. É muito raro eu saber se a terapia levou um casal ou um paciente a ter uma vida suficientemente boa. Não fico sabendo se um casal permaneceu junto ou se seus filhos cresceram bem. É lamentável, mas, na medida do possível, isso me mantém no presente, e é nele que costumam viver os afetos – a matéria essencial da terapia. Portanto, em favor da autenticidade, receio que você tenha que lidar com a falta de um grande fim para a história, tal como eu faço.

Grande parte deste livro foi escrita durante a pandemia, e está claro que esse desastre global teve um impacto enorme em todos nós e em nossa vida familiar. Acho que ninguém ainda é capaz de saber a real dimensão desse impacto, embora todos queiramos nos precipitar em conclusões. Não se sabe como nos saímos psicologicamente, embora o impacto nas crianças e nos adolescentes comece a parecer preocupante.

O que notei foi que, em alguns casais, a pandemia mal chegou a ser mencionada. Quanto mais aflito o casal, menos a pandemia parece surgir nas sessões. Comecei a concluir que, para a maioria dos pacientes aflitos, o mundo interior dos sentimentos faz tanta algazarra que o clamor e o barulho do mundo exterior mal chegam a produzir algum som.

Agradecimentos

Sou grata a inúmeras pessoas. Tenho muita, muita gente a quem agradecer. Em primeiro lugar, devo dizer obrigada ao meu editor, Drummond Moir, que demonstrou enorme confiança em mim, apesar de minha insegurança quanto a escrever, e cujas reações e sugestões para o livro foram de valor inestimável. Cabem agradecimentos a Liz Marvin, por seu trabalho habilidoso de revisão, e a Jessica Patel, por sua ajuda. Sou também muito grata à minha agente, Zoe Ross. Meus colegas da clínica da Queen Anne Street, Biddy Arnott, Stephen Blumenthal e Susan Austin, deram um apoio imenso e infalível durante alguns momentos difíceis. Eles me deram ânimo para continuar e ofereceram conselhos sensatos. Sou grata a Brett Kahr, Susie Orbach e Stephen Grosz – todos eles conversaram comigo quando comecei a escrever e me ofereceram seu tempo e sua experiência. O conselho de Brett para que eu escrevesse como quem conversa com alguém (sou ótima em conversar!) fez enorme diferença para minha confiança. Agradeço a Jan McGregor Hepburn por seu apoio carinhoso. Tenho uma dívida de gratidão para com Alan Colam e David Hewison, que discutiram questões éticas comigo. Vanessa Milton, da Penguin Random House, sabe o que fez, e não tenho como lhe agradecer o bastante.

Sou profundamente grata a muitos de meus colegas e professores da Tavistock Relationships, alguns dos quais, infelizmente, já faleceram. São tantos que serviram de inspiração e foram importantes para mim que é difícil listar todos, mas é sobre seus ombros que se ergue este livro, que não poderia ter sido escrito sem eles. Um agradecimento especial vai para Warren Colman, Christopher Clulow, Mary Morgan, Stan Ruszczynski, David Hewison, Christel Buss-Twachtmann e Anton Obholzer. E devo uma dedicatória *in memoriam* a James Fisher e Nina Cohen. Todas essas pessoas foram essenciais para meu desenvolvimento como terapeuta psicanalítica, e muitas ideias deste livro vieram diretamente de suas palavras. Um agradecimento também é devido, há muito tempo, a Elizabeth Gee.

Obrigada às minhas grandes amigas que me escutaram falar sem parar deste livro, durante tempo demais, particularmente à professora Lynda Nead, a Charlotte Wickers, Jenny Riddell e Andrea Collett. E agradeço também à minha irmã Keren Abse por seu generoso apoio. Sua casa em Ogmore-by-Sea foi um retiro extremamente bem-vindo para minha escrita.

Obrigada ao meu marido, Paul Gogarty, sem o qual simplesmente não haveria livro algum. Ele deve ter lido todos os capítulos uma dezena de vezes, aprimorando minha linguagem sem graça, oferecendo discernimento e imaginação, corrigindo minha pontuação assustadora e fazendo tudo funcionar muito melhor. Sou eternamente grata a Miren Lopategui e Nigel Richardson por seus olhos de lince e sua leitura criteriosa do livro.

E também aos meus filhos, Max Gogarty e Larne Abse Gogarty, e a seus cônjuges, Suzy Gregg e Adam Lane, que demonstraram entusiasmo e paciência com minha paixão pelos estudos. Por fim, agradeço ao meu neto, Rudy, que nasceu na mesma semana em que finalmente pari este livro. Sua chegada iminente me estimulou a seguir até o fim.

E por último, mas decididamente não menos importante, sinto profunda e duradoura gratidão aos meus pacientes do presente e do passado, que me deixaram entrar em sua vida e com os quais tanto aprendi.

CONHEÇA OUTROS LIVROS DA EDITORA SEXTANTE

Acolhendo sua criança interior
Stefanie Stahl

"Somente quando conhecemos nossa criança interior e a acolhemos é que nos abrimos para descobrir os profundos anseios e cicatrizes que trazemos dentro de nós. Só então podemos vir a aceitar esse lado ferido de nossa alma e começar a curar parte dele.

Assim fortalecemos nossa autoestima e a criança em nós finalmente tem a chance de encontrar um lar. Esse é um pré-requisito para construirmos relações mais tranquilas, amigáveis e felizes e para conseguirmos encerrar relações que não nos fazem bem ou até nos adoecem.

Este livro vai ajudar você a conhecer sua criança interior e acolhê-la.

Vai ajudar você a abandonar esses antigos padrões que trazem sofrimento. Vai lhe mostrar como substituí-los por novos comportamentos e perspectivas que contribuam para uma vida melhor e relacionamentos mais felizes.

Seu lar é onde você pode ser você mesmo. Lar significa familiaridade, acolhimento e segurança. Lar significa pertencimento. Se construo um lar em mim mesma, então eu pertenço – estou ligada a mim e a outras pessoas. A vida é isso." – Stefanie Stahl

A coragem de não agradar
Ichiro Kishimi e Fumitake Koga

Na periferia de uma cidade milenar vivia um filósofo que ensinava que o mundo era simples e que a felicidade estava ao alcance de todos. Certo dia, um jovem insatisfeito com a vida foi desafiá-lo a provar sua tese.

Inspirado nas ideias de Alfred Adler – um dos expoentes da psicologia ao lado de Sigmund Freud e Carl Jung –, A coragem de não agradar apresenta o debate transformador entre um jovem e um filósofo.

Ao longo de cinco noites, eles discutem temas como autoestima, raiva, autoaceitação e complexo de inferioridade. Aos poucos, fica claro que libertar-se das expectativas alheias e das dúvidas que nos paralisam e encontrar a coragem para mudar está ao alcance de todos.

Assim como nos diálogos de Platão, em que o conhecimento vai sendo construído através do debate, o filósofo oferece ao rapaz as ferramentas necessárias para que ele se torne capaz de se reinventar e de dizer não às limitações impostas por si mesmo e pelos outros.

Maneiras de amar
Amir Levine e Rachel Heller

"A teoria do apego adulto designa três principais *estilos de apego* ou *maneiras de amar*, que são as formas pelas quais as pessoas percebem e reagem à intimidade nos relacionamentos românticos. Basicamente:

- as pessoas *seguras* sentem-se à vontade com a proximidade do outro e, em geral, são carinhosas e amorosas;
- os *ansiosos* desejam intimidade, costumam se preocupar com os relacionamentos e tendem a ter dúvidas quanto à capacidade de seus parceiros de corresponder a seu amor;
- os *evitativos* entendem a intimidade como uma perda de independência e tentam constantemente minimizar a proximidade.

Neste livro você descobrirá mais sobre cada um desses três estilos e a maneira como eles determinam seu comportamento e suas atitudes.

Esperamos que você empregue a sabedoria contida aqui para encontrar felicidade em suas ligações amorosas e para voar alto em todos os aspectos da sua vida.

Se conseguir aplicar os princípios que delineamos, você estará dando a si mesmo a melhor chance de encontrar – e de manter – uma relação gratificante."

Amir Levine e Rachel Heller

Ansiosos no amor
Jessica Baum

Se você sente que só se envolve com pessoas incapazes de satisfazer suas necessidades afetivas e que seus relacionamentos são sempre instáveis e emocionalmente desgastantes, marcados pela insegurança, pelo ciúme e pela codependência, pode ser que a chave para transformar essa realidade esteja na maneira como constrói suas conexões amorosas.

Jessica Baum mostra que esse sentimento é muito comum para quem tem um estilo de apego ansioso. À luz das pesquisas mais atuais, ela explica o que isso quer dizer e o que está por trás de todas essas dificuldades.

Em mais de 10 anos de atuação como psicoterapeuta e consultora de casais, Jessica já ajudou milhares de pacientes na mesma situação a rever os próprios conceitos e formar relações seguras e fortes, que proporcionam apoio mútuo e autoconhecimento. Neste livro, ela oferece um roteiro para você:

- Aprender a impor limites e proteger sua independência e autonomia nos relacionamentos.
- Descobrir como comunicar ao seu parceiro ou sua parceira o que você precisa para se sentir em segurança na relação.
- Ter uma compreensão clara de como seu sistema nervoso influencia os seus relacionamentos.
- Entender o verdadeiro significado de uma relação saudável.
- Encontrar um caminho para a cura através de práticas como a meditação, que ajudam você a se entender melhor.

CONHEÇA ALGUNS DESTAQUES DE NOSSO CATÁLOGO

- Augusto Cury: Você é insubstituível (2,8 milhões de livros vendidos), Nunca desista de seus sonhos (2,7 milhões de livros vendidos) e O médico da emoção
- Dale Carnegie: Como fazer amigos e influenciar pessoas (16 milhões de livros vendidos) e Como evitar preocupações e começar a viver
- Brené Brown: A coragem de ser imperfeito – Como aceitar a própria vulnerabilidade e vencer a vergonha (600 mil livros vendidos)
- T. Harv Eker: Os segredos da mente milionária (2 milhões de livros vendidos)
- Gustavo Cerbasi: Casais inteligentes enriquecem juntos (1,2 milhão de livros vendidos) e Como organizar sua vida financeira
- Greg McKeown: Essencialismo – A disciplinada busca por menos (400 mil livros vendidos) e Sem esforço – Torne mais fácil o que é mais importante
- Haemin Sunim: As coisas que você só vê quando desacelera (450 mil livros vendidos) e Amor pelas coisas imperfeitas
- Ana Claudia Quintana Arantes: A morte é um dia que vale a pena viver (400 mil livros vendidos) e Pra vida toda valer a pena viver
- Ichiro Kishimi e Fumitake Koga: A coragem de não agradar – Como se libertar da opinião dos outros (200 mil livros vendidos)
- Simon Sinek: Comece pelo porquê (200 mil livros vendidos) e O jogo infinito
- Robert B. Cialdini: As armas da persuasão (350 mil livros vendidos)
- Eckhart Tolle: O poder do agora (1,2 milhão de livros vendidos)
- Edith Eva Eger: A bailarina de Auschwitz (600 mil livros vendidos)
- Cristina Núñez Pereira e Rafael R. Valcárcel: Emocionário – Um guia lúdico para lidar com as emoções (800 mil livros vendidos)
- Nizan Guanaes e Arthur Guerra: Você aguenta ser feliz? – Como cuidar da saúde mental e física para ter qualidade de vida
- Suhas Kshirsagar: Mude seus horários, mude sua vida – Como usar o relógio biológico para perder peso, reduzir o estresse e ter mais saúde e energia

sextante.com.br